老子与道家学派

吉林出版集团有限责任公司
吉林文史出版社

◎ 主编　金开诚

◎ 编著　陈长文

图书在版编目（CIP）数据

老子与道家学派／金开诚著 . —长春：吉林文史
出版社，2011.11（2022.1 重印）
（中国文化知识读本）
ISBN 978-7-5472-0931-8

Ⅰ.①老… Ⅱ.①金… Ⅲ.①老子–人物研究②道家
–研究 Ⅳ.① B223.05

中国版本图书馆 CIP 数据核字（2011）第 226329 号

老子与道家学派

LAOZI YU DAOJIA XUEPAI

主编／ 金开诚 　编著／陈长文

项目负责／崔博华　责任编辑／崔博华　王文亮

责任校对／王文亮　装帧设计／李岩冰　李宝印

出版发行／吉林文史出版社　吉林出版集团有限责任公司

地址／长春市人民大街4646号　邮编／130021

电话／0431-86037503　传真／0431-86037589

印刷／三河市金兆印刷装订有限公司

版次／2011 年 11 月第 1 版　2022 年 1 月第 4 次印刷

开本／650mm×960mm　1/16

印张／9　字数／30千

书号／ ISBN 978-7-5472-0931-8

定价／34.80元

前　言

　　文化是一种社会现象，是人类物质文明和精神文明有机融合的产物；同时又是一种历史现象，是社会的历史沉积。当今世界，随着经济全球化进程的加快，人们也越来越重视本民族的文化。我们只有加强对本民族文化的继承和创新，才能更好地弘扬民族精神，增强民族凝聚力。历史经验告诉我们，任何一个民族要想屹立于世界民族之林，必须具有自尊、自信、自强的民族意识。文化是维系一个民族生存和发展的强大动力。一个民族的存在依赖文化，文化的解体就是一个民族的消亡。

　　随着我国综合国力的日益强大，广大民众对重塑民族自尊心和自豪感的愿望日益迫切。作为民族大家庭中的一员，将源远流长、博大精深的中国文化继承并传播给广大群众，特别是青年一代，是我们出版人义不容辞的责任。

　　本套丛书是由吉林文史出版社组织国内知名专家学者编写的一套旨在传播中华五千年优秀传统文化，提高全民文化修养的大型知识读本。该书在深入挖掘和整理中华优秀传统文化成果的同时，结合社会发展，注入了时代精神。书中优美生动的文字、简明通俗的语言、图文并茂的形式，把中国文化中的物态文化、制度文化、行为文化、精神文化等知识要点全面展示给读者。点点滴滴的文化知识仿佛颗颗繁星，组成了灿烂辉煌的中国文化的天穹。

　　希望本书能为弘扬中华五千年优秀传统文化、增强各民族团结、构建社会主义和谐社会尽一份绵薄之力，也坚信我们的中华民族一定能够早日实现伟大复兴！

目录

一、道家概说

道家又称"道德家"。道家学派起始于春秋末期的老子，但先秦时期并没有"道家"这一名称，只有"老子之学"与"庄子之学"的名称。用"道"一词来概括由老子开创的这一学派是由汉初开始，这时，道家也被称为"德家"。老子曾做过周的史官，因此，《汉书·艺文志》云："道家者流，盖出于史官，历记成败存亡祸福古今之道，然后知秉要执本，清虚以自守，卑弱以自持，此君人南面之术也。"

在先秦百家争鸣中，道家虽没有众多徒属和显学地位，但他们对宇宙和社会、人生的独特领悟，其他各家都难以企及。因此道家才能呈现出永恒的价值与生命力。西汉太史令司马谈在《论六家要旨》中评"道家使人精神专一，动合无形，赡足万物。其为术也，因阴阳之大顺，采儒墨之善，撮名法之要，与时迁移，应物变化，立俗施事，无所不宜，指约而易采，事少而功多"，"其术以虚无为本，以因循为用。无成埶，无常形，故能究万物之情。不为物先，不为物后，故能为万物主"。

道家学派以老子关于"道"的学说作为理论基础，直接从天道运行的原理侧面切入，以"道"说明宇宙万物的本质、本源、构成和变化，也是统治宇宙

中一切运动的法则。"道"本来是无名无形的，老子说："有物混成，先天地生。寂兮寥兮，独立而不改，周行而不殆，可以为天地母。吾不知其名，强字之曰道，强为之名曰大。"道家认为天道无为，万物自然化生，否认上帝鬼神主宰一切，主张道法自然，顺其自然，提倡清静无为，由此衍化出"人天合一"、"人天相应"、"为而不争、利而不害"、"修之于身，其德乃真"、"乘天地之正，而御六气之辩，以游无穷"等思想。

道家政治理想是"小国寡民"、"无为而治"，要求君主舍弃自己的意志欲望，听任百姓做自己想做的事情，使百姓处于自然状态。道家体系中，无为与自然是关系密切的概念，无为是对道或君主的要求，自然指道或君主无为下万物或百姓的自主状态。君主无为，百姓生活就自然。

道家重视人性的自由，提出了"谦"、"弱"、"柔"、"心斋"、"坐忘"、"化蝶"等生活方式来面对世界，主张"齐物"、"逍遥"，对万物的态度是"无所待"。庄子在《逍遥游》中，认为天地万物都是"有所待"的，大至鲲鹏，小至蜩鸠，都需要凭借一定的外部条件才能活动。而人生乃至万物的最高境界是"无所待"，这样才是真正的"逍遥游"。

自老子创始以后，道家学派又分化出不同派别，著名的有庄子学派、杨朱学派、宋尹学派和黄老学派四大派，代表人物有关尹、庄周、列御寇、杨朱、彭蒙、田骈等。道家的著作，东汉班固在《汉书·艺文志》中共列出37种，993篇，除《道德经》（又名《老子》）、《庄子》之外，还有《管子》中的《心术》上、《心术》下、《白心》、《内业》诸篇，汉初的《淮南子》、晋人的《列子》以及1973年长沙马王堆出土的《经法》、《道原》、《称》、

《十六经》等。

道家及其思想在中国传统文化中的地位仅次于儒家，影响深远。西汉初年，汉文帝、景帝以道家思想治国，而有"文景之治"。汉武帝"罢黜百家，独尊儒术"后，道家从此成为非主流思想，但对统治者、知识分子和下层社会的影响却经久不衰，许多有作为的皇帝，如唐玄宗、宋徽宗、朱元璋、康熙都曾专门给《道德经》作注，而以董仲舒为代表的汉儒及以周敦颐、朱熹等为代表的宋儒在构造宇宙论或本体论体系时，都明显吸取道家思想。

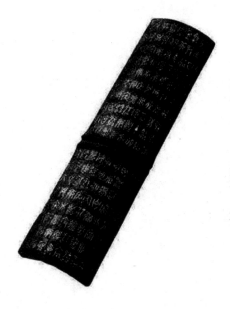

此外，道家以其独特的宇宙、社会和人生领悟，在哲学史上影响深远，魏晋玄学、宋明理学都是糅合了道家思想发展而成。佛教传入中国后，也受到了道家的影响，禅宗在诸多方面受到了庄子思想的启发。道家思想更为道教所吸收，道教尊老子为太上老君，奉《道德经》为道教的基本经典，奉《庄子》为《南华真经》，并且用老庄的哲学来论证道教的神仙学，建立了道教的宗教哲学体系。道家思想中，"清静无为"、"返璞归真"、"顺应自然"、"贵柔"等主张，对中医养生保健也有很大影响和促进。总之，道家对中国政治、宗教、医学、文学、哲学和美学等，均产生了广泛而深远的影响。直到今天，人们还不断从中汲取营养。

二、道家代表人物

（一）老子

老子（约公元前604年—约公元前531年），古代伟大的哲学家和思想家，道家学派创始人。老子的哲学思想及其创立的道家学派，不但对中国古代思想文化的发展作出了重要贡献，而且对中国两千多年来思想文化的发展产生了深远的影响。

关于老子到底是谁,历来说法不一。一说姓李名耳,字聃,生活在春秋时期,曾在东周国都洛邑(今河南洛阳)任守藏史(相当于国家图书馆馆长)。他博学多才,孔子周游列国时曾到洛阳向老子问礼,秦汉之际成书的《礼记·曾子问》有所记载。《庄子》也称其为老聃,书中的内篇《德充符》、外篇《天地》、《天运》、《田子方》、《知北游》等都视老子为前辈。

一说老子即太史儋,或老莱子,见之于《史记·老子韩非列传》。据《史记·仲尼弟子列传》解释,"于周则老子","于楚老莱子",可见老子和老莱子是两人。至于太史儋,司马迁说:自老子死后一百二十九年,有周太史儋见秦献公云云。有学者以此认为老子就是太史儋,战国时人。

也有人认为可能"老"是老子的姓或氏，其名为聃，故称老聃。他们提出，先秦旧籍如《庄子》、《墨子》等，对孔、墨等人皆举其姓，称"孔子"、"墨子"，独老子称"老聃"而不称"李聃"，称"老子"而不称"李子"；古有老姓而无李姓，《战国策》中始有李悝、李牧，李姓起源较晚；再者，《庄子·天下》曾综述关于老聃的学说，《吕氏春秋·不二》也称"老聃贵柔"，名字与思想一致，故老聃就是老子。但是《老子》书中说："夫礼者，忠信之薄，而乱之首。"与传说中孔子问礼于老聃有矛盾，因而《老子》书是否为老聃所作也有疑问。

据《史记》记载，老子庙堂阶前有一尊"三缄其口"的金人，孔子问其背后的铭文"无多言，多言多败；无多事，多事多虑"是何意？老子回答："子所

言者，其人与骨皆已朽矣，独其言在耳。且君子得其时则驾，不得其时则蓬累而行。吾闻之，良贾深藏若虚，君子盛德，容貌若愚。去子之骄气与多欲、态色与淫志，是皆无益于子之身。吾所以告子，若是斋已。"老子晚年乘青牛西去，并在函谷关（今河南灵宝）前写成了五千言的《道德经》，最后不知所终。

老子用"道"解释宇宙万物的演变，认为"道生一，一生二，二生三，三生万物"，把"道"抽象化，概括为普遍的无所不包的最高哲学概念。在他看来，"道"既是凌驾于天之上的天地万物的本原，又是自然客观规律，具有"独立不改，周行而不殆"的永恒意义。老子还提出"人法地，

地法天，天法道，道法自然"的思想，摒除"利天命"的绝对权威。在政治上，老子主张无为而治，无为是指不妄为，不胡作非为，不为所欲为，以达到"邻国相望，鸡犬之声相闻，民至老死不相往来"的理想境界。老子的哲学里包含着丰富的辩证法思想，他指出任何事物都有矛盾对立的两个方面，如"正复为奇，善复为妖"，"祸兮福之所倚，福兮祸之所伏"，还认为矛盾两方可以互相转化，即"反者道之动"，转化的途径是"守静"。

孔子认为老子是神圣："鸟，吾知其能飞；鱼，吾知其能游；兽，吾知其能走。走者可以为网，游者可以为纶，飞者可以为缯。至于龙，吾不能知，其乘风云而上天。吾今日见老子，其犹龙邪！"（《史记·老子韩非列传》）

（二）杨朱

1.生平

杨朱，字子居，又称阳子居或阳生，魏国（今河南开封）人，春秋战国时期思想家。生平已不可考，大概生活在墨子（约公元前479年—约公元前381年）与孟子（约公元前371年—约公元前289年）之间，行踪多在鲁、宋、梁一带。在当时各家的著述如《孟子》、《荀子》、《庄子》、《韩非子》、《吕氏春秋》中，其名多次出现，可见其人其说在当时相当著名。杨朱自比尧舜，自称是"得治大者不治小，成大功者不小苟"的贤人，"治天下如运诸掌然"。韩非评价杨朱与墨翟一样有治世

之才。

杨朱曾和老子会面，所以曾受老子思想的影响，后来有感于动乱的环境，困恼于越来越大的社会压力，于是扬弃老子学说中的部分内容，朝着"养生"、"存性"的方向不断深化，发展成以"为我"为中心的思想体系。杨朱之学闻名当时，《孟子·滕文公》篇云："杨朱、墨翟之言盈天下，天下之言，不归于杨，即归墨。"可知春秋之世，杨朱之学与墨学齐驱，并属显学。惜其作品早已散佚不存，其说散见于《孟子》、《列子》及《淮南子》中。

2.思想

(1)"为我"学说

杨朱以"我"作为自然的中心，认为人的生命，往往由于外界的蒙蔽、组织所拘束，因而无法明察到生命的真相，使个人失去主体性。他希望建立人人为自己而又不侵犯别人的社会，主张探求内在自我安身立命的境界，以摆脱社会的束缚。他说："古之人损一毫利天下，不与也；悉天下奉一身，不取也。人人不损一毫，人人不利天下，天下治矣。"意思是说，社会是由各个"我"所组成，如果人我不相损、不相侵、不相给，那么天下便无窃位夺权之人，便无化公为私之辈，这样社会就能太平，人才能"全生（性）保真"。这种主张与儒家、法家都不同，与墨家的"兼爱"当然更是针锋相对。

既然反对社会的束缚，杨朱在政治上也就反对强权独占的霸道，主张天下为公，要"公天下之身，公天下之物"。那么，治理这个社会的人要

"贤"，要有谦虚的美德，"行贤而去自贤之心"，即行为贤德而不自以为贤德。

（2）"重生"、"贵生"、"全生"的主张

在生命态度上，杨朱认为，人生短促，有生便有死，生有贤愚、贫贱之异，而所同者为死，尧舜与桀纣没有什么不同。因此，"知生之暂来，知死之暂往"，在生时必须享尽人生之乐，充分放纵人欲。

杨朱认为，人生在世，要"轻物重生"，从而"乐生"，以"存我为贵"。其中，轻物，即轻视外在的功名利禄；重生，即全性保真，保持自然赋予人本身的真性。生命是"所为"者，是主体；"物"或"利"是"所以为"者，是服务于"生"的，因而"物"不应有损于"生"。所以，

要"自纵一时，勿失当年之乐；纵心而动，不违自然所好；纵心而游，不逆万物所好；勿矜一时之毁誉，不要死后之余荣"。杨朱固然以"全生"为人生目的，对人的物质欲望作了充分的肯定，但是"全生之道"又不能聚物而累形，为"寿"、"名"、"位"、"货"所累，只要有"丰屋美服，厚味娇色"就够了。人不要贪得无厌，更不要因外物而伤生。"重生"、"贵生"的思想，除了重视个人生命之外，还包括重视个人独立性的思想，即反对屈从外在的权威，只想明哲自保、颐养天年。杨朱充分肯定了个人情欲的自然合理性，但不是享乐主义和纵欲主义，而是在"轻物重生"的范围内。这一轻视富贵利禄的思想在当时不乏赞誉之词，当时的"世主"曾"贵其智而高其行"。

（三）列子

1.生平及著作

列子，名寇，又名御寇（又称"圄寇"、"国寇"），郑国莆田（今河南郑州）人，与郑缪公同时。战国前期思想家，开道家列子学派。列子曾师从关尹子、壶丘子、老商氏、支伯高子等。他隐居郑国四十年，终生致力于道德学问，淡泊名利，贵虚尚玄，清静修道，主张循名责实，无为而治。唐玄宗天宝元年（742年）李隆基封列子为冲虚真人。

《汉书·艺文志》著录《列子》八篇，即《天瑞》、《仲尼》、《汤问》、《杨朱》、《说符》、《黄帝》、《周穆王》、《力命》，经永嘉之乱以后，只留存《杨朱》、《说

符》两篇。今传本《列子》八篇由东晋张
湛的先人重新搜集残篇编成，其中章节
有重复之处，而且混入一些魏晋人的思
想内容和语言文字。如《天瑞》篇讲天地
万物形成的一章，文字全与《易纬·干凿
度》相同；《周穆王》篇所载周穆王西游
的经历，文字全与西晋汲冢出土的《穆天
子传》相同。但是，今传本《列子》并非
出后人伪作，如《杨朱》篇为杨朱主要学
说一样。杨朱讲到"田氏之相齐也"，"民
皆归之，因有齐国，子孙享之至今不绝"，
足见确是战国时作品。《列子》有大量
寓言、民间故事、神话传说等，如黄帝神
游、愚公移山、夸父追日、杞人忧天等，篇
篇珠玉，读来妙趣横生，隽永味长，发人
深思。

2.思想

西汉刘向认为，列子之学"本于黄帝
老子，号曰道家。道家者，秉要执本，清
虚无为，及其治身接物，务崇不竞，合于

六经。" 张湛认为《列子》之书"大略明群有以至虚为宗，万品以终灭为验，神惠以凝寂常全，想念以着物为表，生觉与化梦等情。巨细不限一域，穷达无假智力，治身贵于肆仕，顺性则所至皆适，水火可蹈。忘怀则无幽不照，此其旨也。"

"贵虚"是列子的中心思想。《天瑞》篇解释"贵虚"就是"静也虚也，得其居矣"，即要自己修养到忘记自身的形骸，好像已经驾空乘风而行，列子把这样的境界叫做"履虚乘风"。列子认为，虚静符合自然的本性，可以心意凝聚专一，达到物我两忘的精神境界与状态。这为庄子的"坐忘"、"心斋"学说开了先河。

列子认为，道是生化万物的，但它自己却不生不化。在产生天地万物之前，宇宙已经经历了太易、太初、太始、太素四个阶段，"夫有形者生于无形，则天地安从生？故曰：有太易，有太初，有太始，有太素。太易者，未见气也；太初者，气之始也；太始者，形之始也；太素者，质之始也。""太易"相当于老子所说的"道"，"太初"相当于老子所说的"道生一"中的"一"，"太始"为形之始，"太素"为质之始，此时"气形质具而未相离，故曰浑沦。浑沦者，言万物相浑沦而未相离也。……清轻者上为天，浊重者下为地，冲和气者为人；故天地含精，万物化生。"这种宇宙生成论，发展了老子的思想。

（四）庄子

庄子（约公元前369年—公元前286年），名周，字子休（一说子沐），战国时代宋国蒙（今安徽蒙城，另一说河南商丘）人，著名思想家、哲学家、文学家，老子哲学思想的继承者和发展者，道家学派的代表人物，与老子并称为"老庄"。庄周身世如迷，据说出身于没落贵族家

庭。《庄子》记载，庄子住在贫民区，生活穷苦，靠打草鞋过活。他把自己比作落在荆棘丛中的猿猴，处势不便，未足以逞其能。《史记》记载，庄子曾做过宋国漆园吏，后来厌恶官职，"终身不仕"，《史记》上说："楚威王闻庄周贤，使使厚币迎之，许以为相。庄周笑谓楚使者曰：子亟去！无污我。……我欲游戏污渎之中自快，无为有国者所羁，终身不仕，以快吾志焉。"

庄子继承并发扬了老子的道家思想。他认为"道"是"虚无"的实体，生成天地与万物。《庄子》载："夫道，有情有信，无为无形；可传而不可受，可得而不可见，自本自根，未有天地，自古以固存，神鬼神帝，生天生地。"又说："道不可闻，闻而非也；道不可见，见而非也；道不要言，言而非也。知形形之不形乎，道不当名。"庄子认为，大道的真髓、精华可用以修身，其余都可用以治理国家，其糟粕可用以教化天下，即"道之真以修身，其绪余以为国家，其土苴以为天下"（《庄子·让王篇》）。在政治上，庄子继承了老子《道德经》中"人法地，地法天，天法道，道法自然"的精髓，主张无为而治。为此，他对世俗社会的礼、法、权、势进行了尖锐的批判，得出"圣人不死，大盗不止"，"窃钩者诛，窃国者为诸侯"的精辟见

解。在人类生存方式上，庄子看透了世俗不古的人心，崇尚自然，倡导"无为"，敝屣富贵，淡泊名利。庄子追求清静无为，返璞归真，一切顺应自然，安时而处顺，追求遗世独立，超然物外，放弃生活中的一切争斗，游心于物外，不为世俗所累，从而达到一种"天地与我并生，万物与我为一"的逍遥境界。

庄子的一生，正如他所言："不刻意而高，无仁义而修；无功名而治，无江

海而闲；不道引而寿，无不忘也，无不有也；其生也天行，其死也物化；静而与阴同德，动而与阳同波；不为福先，不为祸始；其生若浮，其死若休，淡然独与神明居。庄子者，古之博大真人哉！"作为富有诗人气质的哲学家，庄子在我国思想史、文学史上都具有极重要的地位，为人类思想史留下了一笔宝贵的精神财富。后世道教继承道家学说，庄子被神化而奉为神灵，唐玄宗天宝元年被封为"南华真人"，宋徽宗时被封为"微妙元通真君"。

三、道家代表著作

（一）《道德经》

1.简介

《道德经》，又称《道德真经》、《老子》、《五千言》、《老子五千文》，传说是老子所撰写。这是道家思想的重要来源，是一部用诗化语言阐述中国哲学的巨著，是中国传统文化的优秀代表。《道德经》文约意丰、博大精深、玄奥无极、包容万物，涵盖哲学、伦理学、政治学、军事学等诸多学科，但皆有一条主线贯通其中，这就是自然无为的法则。

《道德经》分上下两篇，原文上篇《德经》、下篇《道经》，不分章，后改为《道经》在前，《德经》在后，共分为八十一章。《道经》讲述了宇宙的根本，道出了天地万物变化的玄机。《德经》说的是处世方略。《道德经》之学旨在于从天人合一之立场出发，穷究作为天地万物本源及宇宙最高理则之"道"，以之为宗极，而发明修身治政等人道。所谓"人法地，地法天，天法道，道法自然"，人道当取法于地，究源及道所本之

自然，因而人们应自然无为听天由命，当"处无为之事，行不言之教"，还刀兵，离争斗，不尚贤，不贵难得之货，不见可欲，使民虚心实腹，无知无欲，如此，则无为而治。《庄子·天下篇》总结《道德经》思想时说："以本为精，以物为粗，以有积为不足，澹然独居神明居。……建之以常无有，主之以太一，以濡弱谦下为表，以空虚不毁万物为实。"从"道"的哲学观出发，老子面对春秋末年诸侯纷争的社会状况，提出了绝圣弃智、绝仁弃义、绝巧弃利、忘情寡欲、绝学无忧、见素抱朴、无为而治、小国寡民等极端的政治主张。

《道德经》不仅是一部哲学经典，而且文字简洁、辙韵强劲，因此还被称作是一种特殊形式的哲理诗。它在先秦诸子散文中独具一格，只述论点，略去论据，适当采用整齐的句式说理；语句凝练，精警深邃，三言两语就能揭示事物的本

质和规律，具有格言的特性，警句广为流传；善于运用生动形象的比喻来阐明抽象的哲理，同时善于对复杂的事物作抽象的概括；韵散结合，某些章节全用韵语，大多随文成韵，音调和谐，富于节奏感，呈现为形式精美的哲理诗；提出"大音希声"、"大象无形"、"信言不美"、"美言不信"等看法，在辩证中给人更多的思考余地，对后世玄学和文学有一定的影响。

《道德经》被誉为"万经之王"，以其博大精深的思想和人文精神对中国古老的哲学、科学、政治、宗教等，产生了

深刻的影响。早在16世纪，它就被西方人译成西方文字，17世纪以后，借助西方的商船往返，顺着西方传教士的足迹，逐步由中国传入欧洲。

《道德经》已成为世界历史文化遗产的宝贵财富，越来越多的西方学者不遗余力地探求其中的奥秘，德国、法国、英国、美国、日本等

发达国家相继兴起了"老子热"。《道德经》的西文译本总数近500种，在译成外国文字的世界文化名著发行量上，《道德经》仅在《圣经》之后。

2.思想

（1）尊道贵德的哲学观

老子思想体系的核心是"道"。老子认为，道是"万物之宗"，是宇宙的本源，天下万物都来自道，"道生一，一生二，二生三，三生万物，万物负阴而抱阳，冲气以为和"。"一"是指原始混沌之气；"二"是指"万物负阴而抱阳"的阴阳两气；"三"是指阴阳两气经过相互冲动而

形成统一，即"冲气以为和"，"万物"就是由于这样"冲气以为和"而产生的。道是世界的本原和规律，是一个自然的、独立的、不可名状的存在，世界万物从道产生，最后又回复到道，道本身则是永恒的。同时，道是"生而不有，为而不恃，长而不宰"的，就是说，道生长万物而不据为己有，有所作为而不居功自恃，有所成长而无意做主宰。

作为世界本原的道，既不是有形的物质，也不是无形的精神，而是超越物质和精神的独立存在。"天下万物生于有，有生于无"。在这里生于无，即生于道，道就是无，二者都是虚无的本体或精神的实体。道是恍忽不定，深邃幽远不可捉摸的。"道之为物，惟恍惟忽。忽兮恍兮，其中有象；恍兮忽兮，其中有物。窈兮冥兮，其中有

精，其精甚真，其中有信。"又：
"无状之状，无象之象，是谓惚
恍"。道体是虚空的，然而作用
却不穷竭。它渊深好像是万物
的宗主，幽隐似亡而又实存，即
"道冲，而用之或不盈。渊兮，
似万物之宗；湛兮，似或存。吾
不知谁之子，象帝之先"。

　　在恍惚状态下，"道隐无名"，老子
"不知其名，字之曰道，强为之名曰大"。
道是不可言说的，但是我们还是希望对
于道有所言说，只好勉强称之为道，其实
道根本不是名。这就是说，"道可道，非
常道；名可名，非常名。无名天地之始，有
名万物之母"。可以用言语表达的道，就
不是常道；可以说得出来的名，就不是常
名。因为天有天之名，地有地之名，每一
类事物有此类之名。有了天、地和万物，
接着就有天、地和万物之名，这就是"始
制有名"。但是道是无名，同时一切有名

都是由无名而来，所以，"无名天地之始，有名万物之母"。万物都是由道而生，万物恒有，所以道永远不去，道的名也永远不去，即"自古及今，其名不去，以阅众甫"。

老子认为，道生万物，同时又用德来抚育万物。他提出："道生之，德畜之，物形之，势成之。是以万物莫不尊道而贵德。道之尊，德之贵，夫莫之命而常自然。故道生之，德畜之。长之育之。亭之毒之。养之覆之。生而不有，为而不恃，长而不宰。是谓玄德。"这就是说，万物由道生，道又存在于万物之中，成为万物各自的属性——"德"。万物各有属性，形成各自形体，并凭借环境而生长成熟。因此，"万物莫不尊道而贵德"。然而道之所以被尊崇，德之所以被重视，就在于"道德"从不命令或支配万物，一切纯任自然、顺其自然。因此，也从不将生长万物或据为己有，或自以为尽力，便对它们

宰制，即"上德不德，是以有德。下德不失德，是以无德。上德无为而无以为；下德无为而有以为"。

老子认为，"损不足以奉有余"的"人之道"是不公平的，"天之道，其犹张弓欤？高者抑之，下者举之。有余者损之，不足者补之。天之道，损有余而补不足。人之道，则不然，损不足以奉有余。孰能有余以奉天下？唯有道者"。因此，老子希望用其推崇的"道德"代替"人之道"，听任百姓自作自息，不加干涉，遵循天道自然的规律。

此外，老子主张，要尽量使心灵的虚寂达到极点，使生活清静坚守不变，即"致虚极，守静笃"，这是达到道的途径。"致虚"必"守静"，因为"虚"是本体，而"静"则在于运用。"虚"和"静"都是形容人的心境空明宁静的状态，为避免外界的干扰、诱惑，必须注意"致虚"和"守静"，以期恢复心灵的清静。老子又说:"归根曰静,静曰复命。"意思是说,返回到它的本根就叫做清静,清静就叫做复归于生命,老子希望回归到一切存在的根源,这里是完全虚静的状态,这是一切存在的本性。同时,老子提倡宽容待物,"知常容,容乃公,公乃全,全乃天,天乃道,道乃久,没身不殆"。这就是说,认识自然规律的人是无所不包的,无所不包就会坦然大公,坦然大公正就能周全,周全才能符合自然的道,符合自然的道才能长久,终身可免于危殆。

(2)以柔克刚的辩证法

《道德经》包含着朴素的辩证法思想,认为一切事物,如美和丑、高和下、刚和柔、福和祸等,都是互相依存,可以互相转化的,体现着一种很强的"变"的精神。老子的辩证法思想是系统而丰富的,但老子比较侧重于"柔"和"阴"的一面,这对我国民族心理有较大的影响。

老子认为,事物之间普遍存在对立

的矛盾，比较系统地揭示出事物的存在是相互依存的，例如："有无相生，难易相成，长短相形，高下相倾，音声相和，前后相随"。这种对立的范畴，在《道德经》中处处可见，例如：

大小、多少、高下、远近、厚薄、轻重、静噪、生死、荣辱、强弱、利害、祸福、愚智、吉凶、黑白、寒热、光尘、壮老、实华、正反、同异、美丑、善恶、雌雄、母子、兴废、进退、是非、辩讷、难易、公私、真伪、贵贱、怨德、贫富……

这些对立的范畴，已经广泛涉及到政治、经济、军事、道德、美学、数学、天文、生物、语言等方面，说明了矛盾的普遍性。

同时，老子又认识到，各种事物在矛盾中经常向它的反面运动转化，这是变化的自然规律，所以他说："反者道之动"。如："曲则全，枉则正；洼则盈，敝则新；

少则得，多则惑"。又如："大直若屈，大巧若拙，大辩若讷"。还如："轻诺必寡信，多易必多难"。再如为人熟知的："祸兮福之所倚，福兮祸之所伏。孰知其极？其无正邪？正复为奇，善复为妖"，等等。

对于转化的条件，老子也作了一定的探讨。他说："持而盈之，不如其己；揣而锐之，不可长保；金玉满堂，莫之能守；富贵而骄，自遗其咎；功遂身退，天之道。"这里所说的"盈"、"锐"、"满"、"骄"、"遂"，就是导致转化的条件。

然而，老子把事物的运动变化看作不是上升前进的，而是循环反复的过程。他把柔弱的、虚静的一面看做根本的一面，表现出贵柔尚弱的特色。老子认为，"弱者道之用"，原来刚强的到了饱和点就会转向衰弱，归于失败；而原来柔弱的可以坚持斗争，逐渐增强，反而能够取得胜利。他说:"天下之至柔,驰骋乎天下之至坚。"又说:"强梁者不得其死。"还说:"静胜躁,寒胜热。清静为天下正。"由此,老子提出"以柔克刚"、"以弱胜强"的指导思想。

《吕氏春秋》说:"老聃贵柔。"老子认为天下没有比水更柔弱的东西,但攻坚的力量莫过于它,"天下莫柔弱于水。而攻坚强者,莫之能先,以其无以易之。弱之胜强,柔之胜刚,天下莫不知,而莫之能行"。老子观察到,无论人类还是草木,在初生时都是柔弱幼嫩的,具有旺盛的生命力;刚强枯槁了反而会走向死亡,即"人之生也柔弱,其死也刚强;万物草木之生也柔弱,其死也枯槁"。由此,老子得出,"坚强者死之徒,柔弱者生之徒。是以兵强则不胜,木强则拱。故坚强处下,柔弱处上"。老子认为,这些现象说明,柔弱是

新生事物的标志，柔弱的东西是不可战胜的，刚强的东西面临的却是死亡。因此老子主张，人生在世应该守柔处弱，避用刚强，柔弱无争，"复归于朴"，这才符合大道的德性，也是一条走向成功的道路。老子指出，要做到"柔弱胜刚强"，必须注意不与强大的敌人做斗争，而应用"以柔克刚"、迂回曲折的办法去争取胜利，"将欲弱之，必固强之；将欲废之，必固兴之；将欲夺之，必固与之"。这种欲收故放、欲弱故强、欲废故兴、欲取故与的策略称为"微明"（微妙而明智），可以助长敌人的骄气，从而加速敌人由盛而衰的转化。

具体到个人，老子认为，谦虚退让是人们应该注意的一种明哲保身之术。他说："功遂身退，天之道"，"圣人为而不持，功成而不处，其不欲见贤。"意思是说，事业成功了，不居功自傲，不借此去追名逐利，而要抽身隐退。只有不求其功，才能功不可没；如若追名逐利，反而会引火烧身。这是一条自然规律，是天之大道。由此可知，老子所说的柔弱并不是懦弱和消极，而是一种居后不争的智慧与生活态度。老子说："圣人后其身而身先，外其身而身存。非以其无私耶，故能成其私。"意思是说，圣人以居后不争的态度处世，反而可以处在前列；不大考虑自己的利益，反而可以获得利益。这是一种辩证的智慧，是通过无而实现有，通过表面的否定达到事实上的肯定。

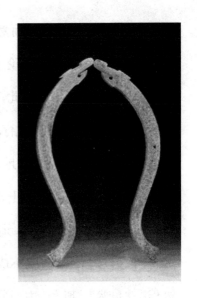

（3）自然无为的政治观

儒家重礼乐，道家贵自然。自然无为是老子哲学中最重要的观念，其中包含着自然与无为两层内容。自然是一种观念、态度和价值，也是一种状态和效果；无为则是一种行为，是实现自然的手段和方法。

老子把"道法自然"的哲学观运用于天道观上，提出了"天道自然"的观念，认为天地的运行是自然而然，不假外力的；他又将其运用于人生论上，认为人也和万物一样是自然的，因此，人生也须消除外在的干涉，使其自然化育，自然发展，自然完成。老子说："人法地，地法天，天法道，道法自然。"道按照一定的自然法则和规律运行，也就是说，道的本性是自然的，离开了自然，也就不成其为道。既然"道法自然"，那么，法"道"的天、地、人，也就必然应以自然为理法，并且其本性也同道一样，是自然的。

那么如何做到"道法自然"呢？那就是"无为"。老子认为，清静无为是人生自然之本，他说："夫物芸芸各复归其根。归根曰静，是谓复命；复命曰常，知常曰明。不知常，妄作凶。"故"清静无为天下正"。"人之道"就在于"为无为，事无事，味无

味"。老子还具体指出："不自见，故明；不自是，故彰；不自伐，故有功；不自矜，故长；夫唯不争，故天下莫能与之争。古之所谓'曲则全'者，岂虚言哉？诚全而归之。"不自我炫耀、不争名夺利，反而会名扬四方，会得到多数人的拥护。由此可以看出，老子的无为也包含着"不争"，不争亦能"保全"自身之自然本性。"不争"要求不带个人偏见，以忘我与淡泊宁静的态度去对待世间万事万物，努力做到清心寡欲，自足知止，"知足不辱，知止不怠"，避免患得患失的烦恼，从而融入自然与社会之中。

老子认为，人心应该向真朴的自然之性复归，婴儿只有有限的知识和欲望，距离原有的"德"不远。他们的淳朴、天真和自然，是每个人都应当尽可能保持的特性。老子说："含德之厚，比于赤子"，又说"常德不离，复归于婴儿"，因此"圣人皆孩之"。只有这样，才能体现出人的自然纯朴的人性。老子说："圣人在天下，歙歙焉，为天下浑其心。""古之善为道者，非以明民，将以愚之。""愚"在这里的意思是淳朴和天真。

圣人不只希望他的人民愚，而且希望他自己也愚。老子说："我愚人之心也哉！"道家说的"愚"不是一个缺点，而是一个大优点。那么如何才能达到婴儿般的自然状态呢？老子认为要无知寡欲，他指出，"为学日益，为道日损"，同时，"祸莫大于不知足，罪莫大于可欲，咎莫大于欲得"。因此，"圣人欲不欲，不贵难得之货。学不学，复众人之所过，以辅万物之自然而不敢为"。

在"自然"哲学的基础上，老子建立了他的无为而治的政治论。无为与自然是关系密切的概念。无为是对道或君主的要求，自然指道或君主无为下万物或百姓的自主状态。统治者无为，百姓生活就自然。老子耳闻目睹当时大大小小的统治者竞尚骄奢，对外尔虞我诈、互相攻伐，对内政令烦苛、剥削严重，认为这都是统治者背弃大道、恣意妄为所造成的恶果，"天下多忌讳，而民弥贫。民多利器，国家滋昏。人多伎巧，奇物滋起。法令滋彰，盗贼多有"。因此老子主张效法自然，以清静无为治理天下。

老子说："爱民治国，能无为乎！"又说："道常无为而无不为。侯王若能守之，万物将自化"。老子认为当时社会的畸形病态是"有为"所致，他说："民之饥以其上食税之多，是以饥；民之难治以其上之有为，是以难治；民之轻死以其求生之厚，是以轻死。"因此，老子主张无为而治，"我无为，而民自化；我好静，而民自正；我无事，而民自福；我无欲，而民自朴"。"无为"并不是消极怠惰，无所作为，而是顺其事物之自然，即"辅万物之

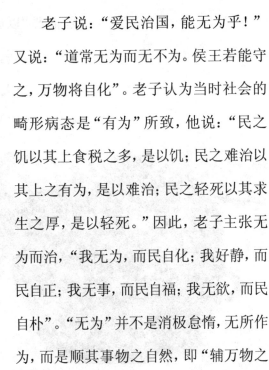

自然"，排除不必要的作为或妄为。顺其自然不妄为，实际上也是"为"，治理好一个国家，就必须采取这种顺其自然不妄为的方式。侯王如果能谨守大道，按规律办事，切实做到"无为无不为"，老百姓不受干扰侵犯，就可以自生自化，安宁质朴地生活，社会自然就会走上正轨。

老子认为，"治大国，若烹小鲜"，即治理国家，如同煎小鱼一样，不要经常翻搅，而要"以道莅天下"，这样才会"其鬼不神，非其鬼不神，其神不伤人；非其神不伤人，圣人亦不伤人。夫两不相伤，故德交归焉。"这就是说，用道治理天下，

鬼怪起不了作用；不但鬼怪起不了作用，神祇也不侵越人；不但神祇不侵越人，圣人也不侵越人。鬼神和有道者都不侵越人，所以彼此能相安

无事。

无为而治要求统治者"少私寡欲","以百姓心为心",减少私心,降低欲望;政令不可烦苛琐碎,朝令夕改;薄赋敛,减轻人民的负担;"以正治国,以奇用兵,以无事取天下",谨慎用兵,不要发动不义的战争;"以智治国国之贼,

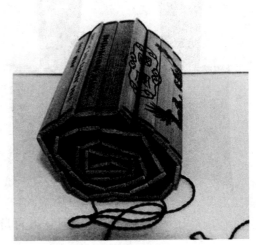

不以智治国国之福",删减法令,减轻刑罚,不玩弄权术,不用高压政策对付老百姓,而以质朴善良的政风感化人民。归结为一句话,就是"为无为,则无不治"。

(4)小国寡民的社会理想

老子反对"法治",认为"法令滋彰"反而造成"盗贼多有";反对有为而治,认为"民之难治,以其上之有为";反对多征地税,认为"民之饥,以其上食税之多";反对墨家和法家的"尚贤",说:"不尚贤,使民不争";反对战争,认

为"兵者，不祥之器"；也反对儒家主张的"礼治"，认为"礼"已成大乱的祸首。为了达到无为而治，老子提出了"小国寡民"的理想："使有什伯之器而不用；使民重死而不远徙。虽有舟舆，无所乘之；虽有甲兵，无所陈之。使民复结绳而用之。甘其食，美其服，安其居，乐其俗。邻国相望，鸡犬之声相闻，民至老死不相往来"。他企图恢复到小国寡民的远古时代去，有了器械不用，有了舟车不乘，有了甲兵不打仗，废除文字，仍旧用结绳来记事。人民有甜美的饮食，美观的衣服，安适的居所，欢乐的习俗。国和国之间能够望得到，鸡鸣犬吠可以相互听见，人们直到老死不相往来。在他看来，有智慧是坏事，有技巧是坏事，有物质文明是坏事，有欲望也是坏事，多活动也是坏事。小国寡民表达了老子强烈的社会批判精神，实质上是一种相当激进的政治思想。

老子主张以"无事"的办法来"取天下"。他说："取天下常以无事，及其有事，不足以取天下。"所谓"无事"就是"无为"，他认为"无为"才能争取天下的归向，用"有为"的办法去争取将要失败，用"执之"的办法去掌握将要丢失，即"将欲取天下而为之，吾见其不得已。天下，神器，不可为也；为者败之，执者失之。"老子主张讲求"不争之德"，认为有了不争之德，就可以防止失

败，立于不败之地，所以他说："天之道，不争而善胜"。

老子尤其反对儒家的政治主张，认为大道之中原本就囊括了仁、义、礼的内容，而且它们不过是大道的末节，不

是最高境界。在大道衰微甚至被废弃之时，仁义之类才作为道德的或哲学的范畴为人们所重视，这就是"失道而后德，失德而后仁，失仁而后义，失义而后礼，夫礼者忠信之薄而乱之首"。老子认为，到了对"礼"津津乐道、要靠其来维持正常的社会秩序之际，就表明淳厚诚朴之

自然天性已经销蚀得所剩无几，社会动乱即将降临。所以他说："大道废，有仁义；智慧出，有大伪；六亲不和，有孝慈；国家昏乱，有忠臣。"过分标榜仁义或忠孝，反而是大道废、国家乱才有的现象。因此，老子主张"绝圣弃智"、"绝仁弃义"。具体地说，"绝圣弃智，民利百倍；绝仁弃义，民复孝慈；绝巧弃利，盗贼无有。此三者，以为文，不足。故令有所属：见素抱朴，少私寡欲，

绝学无忧。"抛弃聪明和智巧，人民可以得到百倍的好处；抛弃仁和义，人民可以恢复孝慈的天性；抛弃巧诈和货利，盗贼就自然会消失。圣智、仁义、巧利这三者全是巧饰的，不足以治理天下。保持朴质，减少私欲，抛弃圣智礼法的学问，才能使人没有忧虑，找到真正的归属。

要实现小国寡民的理想，老子主张还要"常使民无知无欲"。"不尚贤，使民不争；不贵难得之货，使民不为盗；不见可欲，使民心不乱。是以圣人之治：虚其心，实其腹，弱其志，强其骨。常使民无知无欲，使夫智者不敢为也。"不标榜贤才异能，使人民不争功名；不珍贵难得的财货，使人民不做盗贼；不显耀可贪的事物，使人民不被惑乱。所以有道的人治理政事，要净化人民的心思，满足人民的安饱，减损人民的心志，增强人民的体魄。常使人民没有伪诈的心智、没有争盗的欲念，使一些自作聪明的人不敢妄为。

"古之善为道者，非以明民，将以愚之。民之难治，以其智多。"从前善于行道的人，不是教人民精巧，而是使人民淳朴。人民之所以难治，乃是因为它们使用太多的智巧心机，而让人和事物复归到真朴，天下就会大治。

（二）《庄子》

1.简介

《庄子》是发挥道家思想和具有集大成意义的文献。《汉书·艺文志》著录《庄子》五十二篇，但留下来的只有三十三篇，分"内篇"、"外篇"、"杂篇"三个部分，一般认为"内篇"（《逍遥游》、《齐物论》、《养生主》、《人间世》、《德充符》、《大宗师》、

《应帝王》）的七篇文字肯定是庄子所写，《齐物论》、《逍遥游》、《大宗师》集中体现了庄子的思想；"外篇"（《骈拇》、《马蹄》、《胠箧》、《在宥》、《天地》、《天道》、《天运》、《刻意》、《缮性》、《秋水》、《至乐》、《达生》、《山木》、《田子方》、《知北游》）十五篇是庄子及其弟子合作写成；"杂篇"（《庚桑楚》、《徐无鬼》、《则阳》、《外物》、《寓言》、《让王》、《盗跖》、《说剑》、《渔父》、《列御寇》、《天下》）当是庄子学派或者后来的学者所写，《盗跖》、《说剑》等篇

不是庄子之思想。

《庄子》有哲学的睿智、文学的风采、美学的情趣，更体现了洒脱的人生。《庄子》之文章生动细腻，挥洒自如，意象雄浑

飞越，想象汪洋恣肆，情致滋润旷达，文笔变化多端，具有浓厚的浪漫主义色彩，在中国的文学史上独树一帜。《庄子》结构上分总自然，意到笔随，得心应手，千姿百态；句式富于变化，或顺或倒，或长或短，加之词汇丰富，描写细致，又常常不规则地押韵，显得极富表现力，极有独创性。《庄子》还善于用寓言说哲理，构思奇特，随意夸张，将自然万物赋予灵性，对历史人物加以虚构，故事密度大，富有幽默讽刺的意味，对中国的古代小说和传奇的文本表达有重大的影响。《庄子》标志着先秦散文已经发展

到成熟的阶段，司马迁评其"洸洋自恣以适己"，鲁迅则称赞"其文则汪洋辟阖，仪态万方，晚周诸子之作，莫之或能先也"。

《庄子》之论，无论在政治、军事、教育、经济等各方面都可以致用，在个人修为、养气以及立身、处世等诸多方面，也有大用处，对后世的影响深远且巨大。

2.思想

（1）"道"与"自然"的继承与发展

庄子继承了老子的思想，以道统摄万物，驾驭宇宙，认为道是世界的本源，化育万物的本根。他指出，道"有情有信，无为无形，可传而不可受，可得而不可见"，且"自本自根，未有天地，自古已固存"（《大宗师》）。故道是永恒的、绝对的、无变化的；而万物则是暂时的、相对的、有变化的。因此"道无终始，物有生死"，"先天地生而不为久，长于上古而不为老"。道又存在于万物之中，"夫道，于大不终，于小不遗，故万物备。广广乎其无不容也，渊渊乎其不可测也"（《人道》）。道还是不可感知、不可言说、不可命名的，"道不可闻，闻而非也；道不可见，见而非也；道不可言，言而非也！知形形之不形乎！道不当名"（《知北游》）。

庄子所说的道，指的是人的主体精神与物质实体的统一，是有与无的统一。他认为人只要精神上得到"道"，就可以与"道"同体。他把天地和万物与"我"说成是合二为一的东西，道既然存在于大地万物之中，也就存在于"我"。因此，我就是道，道就是我。庄子从这一观点出发，认为天即人，人即天，"天地与我并生，万物与我齐一"。这就是"天人合一"的思想。

　　庄子主张顺应自然，不破坏自然，认为"天与人不相胜"。《秋水》云："天在内，人在外"，"牛马四足，是谓天；落马首，穿牛鼻，是谓人。故曰：'无以人灭天，无以故灭命，无以得殉名。谨守而勿失，是谓反其真。'""牛马四足"即是天然，可是"落（络）马首，穿牛鼻"，加上不自由的束缚，这即是人为。庄子主张"反其真"，返回人的自然本性。他指出，人的"生死、存亡、穷达、贫富、贤与不肖、毁誉、饥渴、寒暑，是事之变、命之行也"（《德充符》）。因此，人之有德者是"知不可奈何而安之若命"，人之性就是与生俱来的天然本性。《养生主》以寓言"庖丁解牛"说明了万物"依乎天理，批大郤，道大窾，因其自然"的道理，还用一个故事加以说明：老子死后，他的朋友秦失前来吊唁，却批评别人的痛哭，他说：

"是遁天倍情,忘其所受。古者谓之遁天
之刑。适来,夫子时也。适去,夫子顺也。
安时而处顺,哀乐不能人也。古者谓是帝
之悬解。"

(2)相对主义的"齐物论"

庄子认为,天下的万事万物都是齐
一的、平等的,提倡把相反的万物视为
齐一,认为彼此并没有什么分别。由此推
而广之,天下间便没有了高低、强弱、古
今、大小、是非、善
恶、先后之分,这就
把将老子辩证法的相
对性加以夸大,发展
为相对主义。庄子认
为,人间的真伪、是
非之分来自此物与彼
物的区别及言与物、
言与言的对立。《齐
物论》云:"道恶乎
隐而有真伪?言恶乎

隐而有是非？道恶乎往而不存？言恶乎存而不可？道隐于小成，言隐于荣华。"只有持有局部见解（"小成"）的人，才看不见道而谈论真伪；只有喜好争辩（"荣华"）的人，才不理解素朴之言而谈论是非。

庄子认为，事物都有其自然本性，都体现了无所不在的道，故而"道通为一"。他在《秋水》中以"河伯观海"的寓言加以说明，"以道观之，物无贵贱；以物观之，自贵而相贱；以俗观之，贵贱不在己。以差观之，因其所大而大之，则万物莫不大；因其所小而小之，则万物莫不小。……以趣观之，因其所然而然之，则万物莫不然；因其所非而非之，则万物莫不非。"从人们对事物的认识趋向来看，顺着万物一面去观察便会认为是对的，那么万物没有什么不是对的；顺着万物否定的一面去观察便会认为是不对的，那么万物没有什么不是错的。可见是非难辨，"是亦彼也，彼亦是也，彼亦一是非，此亦一是非"，"是亦一无穷，非亦一无穷也。"因此，庄子把万物看作是齐一的，不要强分彼此、是非，而要采取一种"和之以是非，而休乎天钧"的态度，即不执着于是非的争论，而保持事理的自然均衡。

庄子认为，既然一切万事万物都是齐一的，那么生死皆齐一、自然。庄子说："方生方死，方死方生。"又说："杂乎芒芴之间，变而有气，气变而有形，形变而有生，今又变而之死，是相与春秋冬夏四时行也。"（《至乐》）人之生死只是如春夏秋冬一般循环不息，因此必须顺乎自然，破除一切的拘执。庄子认为，生固可喜，死亦无悲，由是可齐生死，人亦可无生死，人生在世就要安之若命。庄子在其妻子死时鼓盆而歌，就是庄子这一思想的力证。

(3)"君道无为"的政治主张

庄子尖锐地揭露了当时社会的病态和丑恶："无耻者富，多信（言）者显"（《盗跖》），"钱财不积，则贪者忧，权势不尤，则夸者悲"（《徐无鬼》）。他反对儒家的以仁义治国和法家的以刑罚治国的主张，主张无为而治，回到原始的"至德"社会。他认为，"圣人生而大盗起"，将现实社会视为强盗世界，认为仁义礼智是窃国大盗的工具和赃物。他指出，"捐仁义者寡，利仁义者众"，那些高唱仁义之道的人，多假借仁义以取利，"仁义之行，唯且无诚，且假夫禽贪者器"（《徐无鬼》）。他认为推行儒家学说，非但不能救世，反而违背人性，致使"彼窃钩者诛，窃国者为诸侯，诸侯之

门而仁义存焉"(《胠箧》)。他又论述法家主张不足取,"昔尧治天下,不赏而民劝,不罚而民畏。今子赏罚而民且不仁,德自此衰,刑自此立,后世之乱自此始矣"(《天地》)。

庄子认为,"绝圣弃知而天下大治","绝圣弃知,大盗乃止;摘珠毁玉,小盗不起;焚符破玺,而民朴鄙;剖斗折衡,而民不争。"(《胠箧》)庄子认为,君王为政,以道德为根本,以无为为常态,"上无为也,下亦无为也,是下与上同德,下与上同德则不臣。下有为也,上亦有为也,是上与下同道,上下同道则不主,上必无为而用天下,下必有为而天下用,此不易之道也。……故古之王天下者,知虽落天地,不自虑也,辩虽形万物,不自说也,能虽穷海内,不自为也。天不产而万物化,地不长而万物育,帝王无为而天下功"

（《天道》）。

庄子还描绘了理想中的"至德之世"："不尚贤，不使能，上如标枝，民如野鹿。端正而不知以为义，相爱而不知以为仁，实而不知以为忠，当而不知以为信，蠢动而相使，不以为赐。是故行而无迹，事而无传。"他羡慕远古的神农之世，认为那时"卧则居居，起则于于，民知其母，不知其父，与麋鹿共处，耕而食，织而衣，无有相害之心"（《盗跖》），"民结绳而用之，甘其食，美其服，乐其俗，安其居，邻国相望，鸡狗之音相闻，民至老死而不相往来"（《胠箧》），是"至德之世"最为兴盛的时候。

(4) 无待与逍遥的人生态度

庄子追求绝对的、逍遥的精神自由。在庄子看来，只要"犹有所待"，即人为外物所累和受外力的牵绊，就不能获得绝对的自由，能够顺着自然的本性，不受时间和空间的限制，才是真正的自由。庄子认为，"至人无己，神人无功，圣人无名"，所以人生应当逍遥无为，即不受时间和空间的任何限制，超越物质世界的

束缚，不感到自己的存在，不追求名誉，不追求成功，做到无名、无功、无己，也就是无待、无为。这样就可以处于逍遥状态——一个内心自由自在、无拘无束的至高境界。人之逍遥，抛弃了私心、功名与利禄，彻底置身于宇宙大化之中，一切皆无，顺性而行，"得而不喜，失而不忧"，"乘天地之正，而御六气之辨，以游无穷"。这是一种心与道合一的境界。

庄子认为，真正的道德境界，超越了世俗道德的束缚，不为世俗的名誉所动，"举世誉之而不加劝，举世非之而不加沮，定乎内外之分，辩乎荣辱之境"。《养生主》以"庖丁解牛"为喻，阐述人生之道，认为"吾生也有涯，而知也无涯。以有涯随无涯，殆矣。已而为知者，殆而已矣。为善无近名，为恶无近刑，缘督以为经，可以保身，可以全生，可以养亲，可以尽年。"这即是说，人生苦短，不能以有限的生命去追求无限的种种。做好事不要追求名誉，做坏事不要触犯刑律，最好是忘记善恶的界限，不好不坏，不去惹人注意，这样对自己才有利。

庄子主张用"心斋"、"坐忘"的方法达到逍遥境界。《人间世》云："若一志，无听之以耳，而听之以心；无听之以心，而听之以气。听止于耳，心止于符。气也者，虚而待物者也。唯道集虚。虚者，心斋也。""心斋"就是排除一切杂念，使心境保持虚静纯一的状态。《大宗师》云："堕肢体，黜聪明，离形去知，同于大通，此谓坐忘。""坐忘"指内心虚寂，心神安静，涤除思虑，物我两忘，不仅忘掉一切客观事物，而且不记得自己形体的存在，达到心与天地万物浑然一体的精神境界。在《大宗师》中，庄子对"坐忘"的方法作了详细介绍："参日而后能外天下；已外天下矣，吾又守之，七日而后能外物；已外物矣，吾又守之，九日，而后能外生；已外生矣，而后能朝彻；朝彻，而后能见独；见独，而后能无古今；无古今，而后能入于不死不生。杀生者不死，生生者不生。其为物，无不将也，无不迎也；无不毁也，无不成也。"修道之人经过"外天下"、"外物"、"外生"三个阶段，然后达到"朝彻"，即一下子豁然贯通，随之可以"见独"，即见别人所不见，至此，便可以不分古今生死，不计往来成败，内心宁静自如，静如止水。

四、道家学派的历史显现

　　历史上，许多人和学派以道家为宗，抑或多多少少受道家学派的影响。道家哲学对中国政治也提供了活动的空间，使得中国知识分子不会因为有太强的儒家本位的政治理想而执著于官场的追逐与性命的投入，从而能更轻松地发现进退之道，理解出入之间的智慧。道家对中国文化的贡献是与儒家同等重要，只是在政治思想上一为表显，一为裹藏而已。道家虽然是主张隐的，但是在历史上很多时期却显而为用，而对于人生之影响，道家的思想更是不容忽视。

（一）黄老学派

1.简介

黄老学派是在发挥老子思想的基础上，吸收了法家、阴阳家、名家等学派主张而形成的一个学派。

"黄"是指华夏民族的共同始祖黄帝，"老"即指先秦道家的老子。黄老学派大概兴起于齐国稷下学宫，以老庄虚静恬淡思想为基调，以"道"为核心，吸收法家思想，提出"道生法"的观点；突出刑德观念，主张恩威并施以巩固政权；倡导经纬人事的积极人生态度。

战国中后期，随着变法图强呼声的日益高涨，一些道家学者一改

对政治的冷漠态度，努力寻找一条更为适合现实政治需要的新路。当时，黄帝作为中原各民族之始祖，影响巨大，这些学者便借用黄帝的名声，继承和发挥道家老子的道论与应世、养生之学，"本于黄老而主刑名"，吸取部分阴阳、儒、墨、名、法等家的思想内容，在秦汉之际形成为"内以治身，外以治国"的新的道家学说，称为"黄老之学"。黄老学派提出一套可以在现实社会中操作的政治原则，并对法家产生深远的影响，《史记·孟子荀卿列传》说田骈、慎到、环渊、接子等法家人物，"皆学黄老道德之术，因发明序其指意"。

黄老学派被汉初统治者采用，在西汉盛极一时。汉时言道家，多指黄老之道，如司马谈之《论六家要旨》、刘安之《淮南子》。秦始皇以来，滥耗民力，严刑峻法，以致百姓反叛，国家

灭亡。故汉高祖即位以后，奉行黄老的道家思想，推行"清净无为，与民休息"的政策，著名的宰相萧何、曹参也都力行黄老之学以治国家，汉惠帝、吕后、汉文帝、汉景帝这些天子、后妃基本上都是黄老之学的奉行者，直到汉武帝独尊儒术以后，汉代黄老之风才转移至民间。

黄老学派代表人物有宋钘、尹文、申不害等，《史记·乐毅列传赞》中提到的黄老学者有河上丈人、安期生、乐瑕公、乐臣公、善公，汉代的曹参、陈平、司马季主、窦太后、安丘生、王生、黄生等也是黄老思想的信奉者。《汉书·艺文志》里托名为黄帝的书有21部，除《黄帝内经》外，均已亡佚。1973年长沙马王堆汉墓出土的，写在《老子》乙卷前面的《经法》、《十六经》、《称》、《道原》等四种古代佚书，是黄老学派的重要著

作，其中以《经法》一书比较
重要。此外，《老子河上公章
句》、《管子》一书中的《白
心》、《内业》、《心术》等篇、
《淮南子》的部分思想内容也
体现了这一学派的思想。

2.思想

（1）道家为宗，顺应自然

黄老学派继承了老庄的
思想，认为要顺应自然。黄老

学派认为，道是宇宙的根源，《道原》中
云："恒无之初，迥同大虚。虚同为一，恒
一而止。……天弗能复（覆），地弗能载。
小以成小，大以成大。盈四海之内，又包
其外。"道即常无，是最高的存在，在万
物之中，又在万物之外。《淮南子·诠言》
亦云："夫道者，覆天载地，廓四方，柝八
极，高不可际，深不可测，包裹天地，禀
授无形；原流泉浡，冲而徐盈；混混滑滑，
浊而徐清。故植之而塞于天地，横之而弥

于四海；施之无穷，而无所朝夕。"道在空间上充斥着所有领域，包容一切，在时间上无穷无尽。

《管子·内业》云："道，理之者也。""万物以生，万物以成，命之曰道。"道是万物总的法则，道不能脱离万物，是与万物俱生的、永恒的，因此称之为"常道"；理则是指具体事物的法则，理是可以被人了解和效法的，人若掌握了它，则无事而不成，无往而不胜。《淮南子·原道训》说："得一之道而以少正多。"还说："道者，一立而万物生矣，是故一之理，施四海；一之解，际天地。"黄老学派把道的思想加以改造，用来达到法治的目的，认为事物发展到了极端就要走向它的反面，"极而反，盛而衰，天地之道也，人之李（理）也"（《经法·四度篇》）。事物的发展变化有个自然的"度"，行动符合"度"，就符合于"天道"，这叫做"天当"。每种事物的功能作用都有个客观的极限,这叫做"天极"。"圣人"就必须"能尽天极,能用天当"。如果"过极失当,天将降央(殃)",即将要受到违反自然规律的惩罚,"不循天常,不节民力,周迁而无功"(《经法·约论篇》)。这就是说,"不节民力"就违反自然规律,因而就不能成功。这为他们所制定的缓和社会矛盾的政策提供了哲学上的理论根据。

(2)清静无为,因循而治

黄老学派主张"守道任法","守法而无为",以"法"为"无为"的界限。《经法》与《道原》用道论演绎法制定理论,认为"道生法,法者,引得失以绳而明曲直者也",道能生成万物,也能生出法。掌握了道的圣人,根据道的原则来立法,因此法一旦形成,任何人包括圣人本人都不能违背,即"生法而弗敢犯也,法立而弗敢废也"(《经法·道法篇》)。"名刑已定，物自为正。"只要制定了刑名法律，万物就能各归其位，社会就能安定团结。

所谓无为，不是漫无边际的放任，而是不超越既定的法律规定，顺应事物的发展。《淮南子·原道训》载："所谓无为者，不先物为也；所谓无不为者，因物之所为。所谓无治者，不易自然也；所谓无不治者，因物之相也。"可见，无为也不是毫无作为，而是一种特定的有为。《淮南子·修务训》指出，自然不会自己服务人，必须在其自然性的基础上添加人力，才能使其为人服务，"夫地势水东流，人必事焉，然后水潦得谷行；禾稼春生，人必加工焉，谷五谷得遂长"。因此，无为是因循自然之势而为，"若吾所谓无为者，私志不得入公道，嗜欲不得枉正术，循理而举事，因资而立功，权自然之势，而曲故不得容者，事成而身弗伐，功立而名弗有，非谓其感而不应，迫而不动者"。

黄老学派吸收老庄"清静无为"、"无为而治"、"以百姓之心为心"的思想，主张"省苛事，节赋敛，毋夺民时"，强调"节民力以使，则财生，赋敛有度，则民富"。财生民富，人民才会有廉耻之心，做到"号令成俗而刑伐不犯"，而"号令成俗而刑伐不犯，则守固战胜之道也"。统治者治理国家，也要根据不同的社会历史背景，真切了解当时社会和政治的运行法则，制定出相应的政治措施加以施行，才能收到事半功倍的效果。黄老道家把这样的思想和行为称作"无为而无不为"，表现在政策上，主逸臣劳，除削烦苛，务德化民，恢弘礼义，顺乎民欲，应乎时变；强调法治，主张"精公无私而赏罚信"，"罪杀不赦"（《经法·君正篇》），同时要求赏罚得当，反对"妄杀杀贤"，"杀无罪"（《经法·亡论篇》）；在选官用人时，选拔宽容大度的人，而不用深文周纳的人；在对外政策上，重视对

待敌国人民的政策，讨伐对象必须"当罪当亡"，反对灭亡人家的国家而"利其资财，妻其子女"（《经法·国次篇》）。

（3）宽简刑政，崇尚节俭

黄老学派认为"秦以刑罚为巢，故有覆巢破卵之患"，而"为治之本，务在安民"。要安民，便必须依靠法律来"禁暴止邪"，以保护善良。只是法令必须简易，刑罚必须宽平，"设刑者不厌轻，为德者不厌重，行罚者不患薄，布赏者不患厚"。黄老学派认为，"治国之道，上无苛令，官无烦治"，不可像秦朝"置天下于法令刑罚"之中，以致天下仇怨，群起反叛。在他们看来，"刑罚积则民怨背"，"事逾繁而天下逾乱，法逾滋而奸逾炽，兵马益设而敌人逾多"，一切求其符合"合于人情而后为之"。这些思想在文景治世都得以体现。

黄老学派还主张君主要少私寡欲，谦柔对下，去奢去侈，认为完全靠刑罚不

足以移风，杀戮不足以禁奸，还要以"神化"为贵，即以君主的精神风范感化众人。君主若能严于律己，以身成仁，就能起到感化万民的作用。相反，就会影响社会风气。"上多故，则下多诈；上多事，则下多态；上烦扰，则下不定；上多求，则下多争。"因此，"君人之道，处静以修身，俭约以率下。静则下不扰，俭则民不怨"。如此，"清静无为，则天与之时；廉俭守节，则地生之才；处愚称德，则圣人为之谋"（《淮南子·主术训》）。

3.无为而治与文景治世

黄老学派的思想，在中国历史上发挥过重要作用。继秦末大乱之后，西汉前期社会经济极度凋敝，《汉书·食货志》形象地记载说："汉兴，接秦之敝，诸侯并起，民失作业而大饥馑。凡米石五千，人相食，死者过半。高祖乃令民得卖子，就食蜀、汉。天下既定，民亡盖藏，自天子不能具钧驷，而将相或乘牛车。"西汉

百废待兴，国家急需恢复生产，增强国力，而黄老之学提倡"无为而治，与民休息"，正好适应了汉初的休养生息的政策的需要。同时，汉初统治者鉴于秦王朝"举措暴众而用刑太极"，以致被迅速推翻的教训，于是对黄老之学加以积极推行，废除秦朝的苛政，施行轻徭薄赋，减免税赋的惠民政策，重农抑商，兴办水利，发展农业生产，收到了很好的治世效果，西汉前期国力为之恢复，后世遂称为"文景之治"。

汉初从最高统治者皇帝到朝廷中身负要职的重臣，均崇尚黄老。汉高祖刘邦对陆贾《新语》中的黄老之学认真阅读并再三称善，认识到黄老之学在长治久安中的作用，其后继者惠帝、吕后、文帝、景帝也相继推行黄老之学。《史记·吕后本纪》载："孝惠皇帝、高后之时，君臣俱欲休息乎无为，故惠帝垂拱，高后女主称制，政不出户，天下晏然。"由此可见，高后与汉惠帝是奉行无为而治的思想的。汉文帝"本修黄老之言，不甚好儒术，其治尚清静无为"，在文帝带动下，窦太后亦好黄老之学，不悦儒术。她曾批评好儒学而轻道术的袁固生，其崇尚黄老的立场是十分鲜明的。而景帝在位期间，也"因修静默，勉人务农，率下以德"，崇尚清静无为。

汉初大臣中，有不少人推崇道家，也比较系统地接触过道家学说。史载曹参为齐相时，"闻胶西有盖公，善治黄老言，使人厚币请之"。后来他继萧何为汉相，一遵萧何在位时所制定的规章惯例，百姓作歌称赞他"载其清静，民以宁一"（《史记·曹相国世家》）。继曹参、王陵之后的汉相陈平也好黄老，在政治上的谋断与策略，皆与《黄帝四经》所阐述的黄老谋略相符。淮南王刘安"招致宾客方术之士数千人"编纂成《淮南子》，其中以黄老道家内容居多。其他笃信黄老的如汲黯、郑当时、田叔、张良、张释之、直不疑、司马谈等比比皆是，他们在汉初推动了黄老政治的施行。

汉文帝、汉景帝身体力行，对黄老无为而治的思想继续积极倡导和施行。

（1）轻徭薄赋，减轻人民负担

刘邦登基后，约法省禁，减轻田赋税率，"什五而税一"。文帝时，进一步降低田租的税率，曾两次"除田租税之半"，即租率减为三十税一。文帝十三年，减除了民田之租税。11年后，景帝元年才又恢复三十税一的政策。后来，三十税一遂成定制。文帝时，算赋也由每人每年120钱减至40钱，徭役则减至每3年服役一次。景帝二年（公元前155

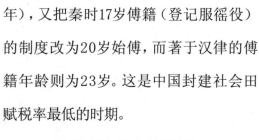

年），又把秦时17岁傅籍（登记服徭役）的制度改为20岁始傅，而著于汉律的傅籍年龄则为23岁。这是中国封建社会田赋税率最低的时期。

（2）除烦去苛，减轻刑罚

汉初统治者坚持黄老之学"赏罚信"的思想，主张严格执法，即使皇帝也只有"执道生法"的权力，而不得犯法。但是，基于"安民"、"惠民"的立场，对法家的"重刑轻罪"主张并不首肯。在这种思想影响下，汉初统治者坚持除秦苛法。文帝一登基便废除诽谤、妖言罪，下令制作专门进言献策的"铜制虎符"和批评朝廷的"竹制使符"，发到全国各地的封国和郡守，提倡臣民直接给皇帝或朝廷提建议、意见。文帝元年（公元前179年）十二月，除"除收孥诸相坐律令"，处治罪人时，不株连部属和家属。文帝十三年（公元前167年），下诏废除黥（在人脸上刺字并涂墨）、劓

（割鼻）、刖（断足）、宫（阉割）等肉刑，改用笞刑代替，景帝又减轻了笞刑。文、景帝时许多官吏断狱从轻，持政务在宽厚，不事苛求，因此狱事简省，人民所受的压迫比秦时有显著的减轻。

（3）重视农业，鼓励生产，发展经济

在农业方面，文帝、景帝多次下诏劝课农桑，按户口比例设置三老、孝悌、力田若干员，经常给予他们赏赐，以鼓励农民发展生产。在工商业方面，文帝"弛山泽之禁"，即允许私人入山采矿，下泽捕鱼，煮海水为盐，从而促进了农副业生产和与盐铁生产事业的发展。汉景帝时还恢复与匈奴等周边民族的互市，发展边境贸易，在"异物内流，利不外泄"的原则下，取得了巨大的贸易顺差。

农业的发展，使粮价大大降低，史载，文帝时每石"粟至十余钱"。

文景之时则通过"贵粟"政策,提高粮食价格,提高农民收入,以"损有余补不足"。同时,文景二帝以捐献粮食赐予爵位的方式,诱使富人去购买农民的粮食,对于能捐献粮食并运送到边境粮库的,国家按照捐献数额的不同赐予不同的爵位,还可以赎罪。这样,不仅军饷充裕,农民的收入也有了保障,国家的储备日益充足。

(4)厉行节约,禁止浪费

文帝提倡节俭,他在位23年,宫室苑囿,车骑服御,都无增加。他常穿着绨衣,所喜欢的慎夫人,令衣不得曳地,帷帐不得文绣,以示敦朴,为天下作出榜样。他曾欲建造一个露台,召来工匠计算需要百金,便放弃了这一想法:"百金中民十家之产,吾奉先帝宫室,常恐羞之,何以台为!"景帝下诏不接受地方贡献的锦绣等奢侈物品,并禁止地方官员购买黄金珠玉，否则以盗窃论罪。

文帝以身作则，勤俭朴素，他在临终前下诏书说："朕闻盖天下万物之萌生，靡不有死，死者天地之理，物之自然者，奚可甚哀？"他很不赞成人死后花钱厚葬，认为这样会弄得倾家荡产，而强调服丧则损害了身体。他诏令全国：诏令到达后，哭吊三日就除去丧服；不要禁止娶妻嫁女、祭祀、饮酒、吃肉；应当办理丧事、服丧哭祭的人，都不要赤脚踏地；服丧的麻带宽度不要超过三寸，送葬时不要陈列车驾和兵器，不要发动男女百姓到宫殿来哭祭；宫中应当哭的人，只要在早晚各哭15声，礼毕即止。因为文帝提倡俭约，所以当时的国家财政开支有所节制和缩减，贵族官僚也不敢滥事搜括，奢侈无度，从而一定程度上减轻了人民的负担，使当时社会经济获得显著的发展。

（5）休养生息，避免战事

文景两朝对周边少数民族也不轻易

动兵，尽力维持相安的关系。吕后时，南越王赵佗自立为帝，役属闽越、西瓯、骆，又乘黄屋左纛，与汉王朝分庭抗礼。文帝即位后，派人重修了赵佗先人的墓地，尊宠赵氏昆弟，并派陆贾再度出使南越，赐书赵佗，于是赵佗去除帝号，归复汉朝，像诸侯王一样接受汉朝皇帝的命令。文帝多次派遣使者与匈奴谈判，采取和亲政策，与之"结兄弟之义，以全天下元元之民"，此后匈奴虽背约屡犯边境，但文帝只是诏令边郡严加守备，并不兴兵出击，以免烦苦百姓。

汉初，由于君臣同心协力推行清静无为，与民休息的黄老之治，因而产生了显著的效果，"京师之钱累百巨万，贯朽而不可校。太仓之粟陈陈相因，充溢露积于外，腐败不可食。众庶街巷有马，阡陌之间成群"（《汉书·食货志》）。黄老之治的历史经验，证实了老子无为而治思想的价值。后来，新王朝建立，差不多都吸收

黄老思想，与民休养生息，治理战争创伤，发展社会经济，从而巩固新政权。黄老思想也有其消极的一面，西汉中期以后，社会经济日益发展，诸侯豪强等地方割据势力膨胀，政治生活日趋复杂，道家政治思想便不再能与社会发展相适应，终于被儒家思想所取代。

（二）道家与道教

1.道教简介

道教是在中国形成并传播的一种多神宗教，在中国古代的影响仅次于佛教。道教历史渊源较早，内容也很庞杂，简而言之，包括先秦时期的古代巫术、鬼神崇拜、道家思想，秦汉时期的黄老之学、神仙方术、谶纬思想，还有部分西南地区少数民族的原始宗教信仰等。道教以"道"为最高信仰，认为"道"是化生宇宙万物的本原和主宰，无所不在，无所不包，万物都是从"道"演化而来的。道教奉老子、元始天尊为教主，尊崇《道德经》、《南华经》（《庄子》）、《抱朴子》等众多道家经典，主张清静无为，清心寡欲，追求长生不老，得道成仙；提倡修炼丹药，实施祈祷、礼忏等宗教仪式。

道教重生恶死，认为人的生命可以自己做主，而不用听命于天，因而主张修道养生。道教成仙或成神的修炼方法有许多，如炼丹、服食、吐纳、胎息、按摩、导引、房中、辟谷、存想、服符和诵经等。归纳起来，可分为服食（仙药，外丹等）、炼气与导引、内丹修炼、法术仪式、功德成神五种，常见的后天神仙多为内丹修

炼和功德成神者。在修身方面，道教讲究"人天合一"、"人天相应"、"无为而治"、"不言之教"、"虚心实腹"、"归根复命"、"乘天地之正，而御六气之辩，以游无穷"，等等。

东汉末年，太平道和五斗米道的出现，标志着道教的形成，而《太平经》、《周易参同契》、《老子想尔注》三书是道教信仰和理论形成的标志。以后，道教历经魏晋南北朝的演变和发展，到隋唐时期受到李唐王朝的推崇和扶持，发展到了鼎盛阶段。金元时期又产生了较大的教派——全真教。此后，各派之间逐渐融合，发展出正一教和全真教两大教派，明清之后，道教逐渐走向了衰落。

道教派系众多，因分派标准不同而名称各异。按地区分有华山派、武当派、龙门派、崂山派、随山派等；据学理分有积善派、经典派、符录派、丹鼎派（金丹派）、占验派；按道门分有混元派（太上老君）、南无派（谭处瑞）、清静派（孙不二）、全真教（王重阳）、正一教（张宗演）等。历史上还有正一宗（张道陵）、南宗（吕纯阳）、北宗（王重阳）、真大宗（张清志）、太一宗（黄洞一）五大宗之分法和天师道、全真道、灵宝道、清微道四大派的分法。道教各派善于兼收并蓄，汲取别派思想，在理论、教义方面的差别较小，多在修习方式上互有贬斥。道教徒称为"道士"，据《太霄琅书经》记载，"人行大道，号曰道士。……身心顺理，唯道是从，故称道士。"其中女性的道士称为"坤道"，又称女冠，俗称道姑；男性的道士称为"乾道"，也称道人、羽士、羽客、黄冠等，又尊称为道长。

　　道教作为我国土生土长的传统宗教，在长期的发展、流传过程中，对中华民族的社会发展、民族心理、民族文化的发展演变产生了重大的影响，其影响涉及政治、经济、哲学、文学、艺术、音乐、建筑、化学、医学、药物学、养生学、气功学以及民俗、民族关系和农民运动等各个方面，影响延续至今。

2.道教的流变

（1）道教的创立

东汉顺帝时期（126年—144年）为道教的创始阶段，这一时期有张陵的五斗米道和张角的太平道，它们活动于下层民众中，并与农民起义相结合，起到了宣传和组织农民起义的作用。

东汉顺帝时，张陵闻蜀地多名山，民风淳厚，易于教化，于是携弟子入蜀，居住在鹤鸣山（又名鹄山）修道。他精思炼志数年，自称得太上老君口授，著作道书二十四篇，又吸收巴蜀少数民族原始宗教，创立五斗米道（信道者出米五

斗，故称）。五斗米道以符水为人治病，奉《老子》为经典。后世道教徒尊张陵为天师，五斗米道称天师道。张陵去世以后，他的儿子张衡、孙子张鲁继续在川西北和陕南一带传道。张鲁曾率众攻取汉中，实行政教合一，颇得人心，雄踞该地达38年之久，后张鲁被招降，五斗米道遂可合法传播，影响越来越大。

东汉灵帝时，于吉（一说干吉）、宫崇所传的《太平清领书》（即所谓《太平经》）得到广泛传播。张角自称"大贤良师"，以《太平经》为主要经典，以"中黄太一"为至尊天神，创太平道。太平道以跪拜首和符水咒语为人治病，教徒几十万，遍布青、黎、幽、冀、荆、扬、衮、豫等八州，颇有影响。东汉灵帝中平元年（184年）发动起义。后来，黄巾起义失败，太平道日趋衰微。

（2）道教的分化

魏晋南北朝时期，随着炼丹术的盛

行和相关理论的深化，道教内部分化，部分向上层发展。

东晋葛洪总结战国以来神仙方术思想，在《抱朴子·内篇》中建立一套成仙的理论，力主炼服金丹是长生成仙的唯一秘诀，对道教发展有较大影响。以后上清派、灵宝派等相继出现。同时，民间流传通俗道教，有依托帛和的"帛家道"，李阿的"李家道"，孙恩的"紫道"，民间俗信的"清水道"，华存的"茅山道"。

南北朝时期，道教规模形成。北魏之时，嵩山道士寇谦之自称奉太上老君意旨，清整道教，首次使用"道教"一词统一各道派。在北魏太武帝拓跋焘的支持下，他制订礼度乐章，要求徒众遵守纲常名教，整顿统一民间各道派，并代替张陵为天师，号称"北天师道"，后北天师道又分出楼观派、紫阳派、净明派。南朝宋明帝时，庐山道士陆修静祖述三张（张陵、张衡、张鲁），弘衍二葛（葛玄、葛洪），依据宗法思想制度，仿效佛教修持仪式，制订道教斋戒仪范，改革五斗米道，意在王者遵奉，号称"南天师道"，后南天师道又分出上清派、灵宝派、茅山派。南朝梁武帝时陶弘景吸收儒家和佛教两家思想，主张三教合流，充实道教内容，构造道教神仙谱系，叙述道教传授历史，对道教发展影响很大。这一时期，经过南朝陆修静整理"三洞"经书，陶弘景排列道教神系，臧玄静阐述道教"玄学"，道教逐步形成一套完整的宗教仪式，道德戒律、道德教义、经书典籍、修炼方术也日趋完备。道教徒也业已在固定的宫观修行，形成按教阶组织起来的道士集团。

（3）道教的隆盛

有唐一代，道教得到了李唐王朝的大力支持，更为繁荣昌盛。唐代统治者自称老子后裔，实行崇道政策。唐高祖李渊在武德八年（625年）规定三教排列次序，以道教最先，儒教次之，佛教最后。唐高宗李治在乾封元年（666年）追尊老子为"太上玄元皇帝"。仪凤三年（678年），又下诏以老子《道德经》为上经，作为国家科举考试的正式科目，列于孔子《论语》等儒家经典之前，贡举人皆须兼习。唐玄宗李隆基在开元二十五年（737年）令道士女冠隶宗正寺，把道士视为皇室宗亲，诏两京及诸州各置"玄元皇帝庙"一所。天宝元年（742年），李隆基又追尊庄子为南华真人，文子为通玄真人，列子为冲虚真人，庚桑子为洞虚真人，四人著作都列为道教经典。天宝十三年（754年），李隆基亲朝太清宫，上玄元皇帝尊号为"大圣祖高上大道金阙玄元天皇大帝"，颁御注《道德经》。

及至宋代，宋真宗赵恒称道教财神赵玄朗为其族祖，奉为道教尊神，封为"圣祖上灵高道九天司命保生天尊大帝",加封老子为"太上老君混元上德皇帝"。宋徽宗赵佶自称"教主道君皇帝",在太学置《道德经》、《庄子》、《列子》博士,亲自为道教书籍作注,并下令僧尼改为道士,让他们穿道服,加入道学。

唐宋时期道书正式汇编成《道藏》,研究道经的著名道士和学者辈出。如隋唐王远知、孙思邈、成玄英、王玄览、司马承祯、吴筠、吕洞宾、施肩吾,五代杜光庭、闾丘方远、彭晓、谭峭,北宋陈抟、张紫阳、陈景元等。

金世宗大定七年(1167年),陕西咸阳人王重阳创立儒、释、道兼容的全真道。金元之际,沧州人刘德仁创立大道教,后称真大道教,卫州人萧抱珍创立太一教,都在黄河以北流行,但历时不久,就湮没无闻。全真道因王重阳之号称为

"北七真"的弟子马丹阳、谭处端、刘处玄、丘处机、王处一、郝大通、孙不二得以发扬，特别是丘处机受元太祖铁木真（成吉思汗）器重，盛极一时。南北天师道为与之抗衡，和上清、灵宝、净明道等流派合流，元时尊张天师为正一教主，合并为正一道。道教从此分为正一、全真两大教派。

（4）道教的衰微

明代皇帝几乎都表现出对道教的信奉，永乐帝朱棣自诩为真武大帝的化身，而对尊祭真武的张三丰及其武当派大力扶持。嘉靖皇帝自号"玄都境万寿帝君"，躬亲礼斋，授予许多道士"少保"、"礼部尚书"等官衔，参与朝政。明代历世还在京师设置道箓司，在各府设置道正司，在各县设置道会司，将道教事务列入朝廷行政管理的范围。但自明中叶后，道教衰落的势头已较为明显。清代开始,清统治者信奉藏传佛教,并压制主要为汉族人信仰的道教。清高宗乾隆将正一道人官阶由二品降至五品,道教活动受到限制,清宣宗道光年间正式取消道教到朝廷朝觐制度。道教丢失了与朝廷的联系,地位下降,逐渐走向衰落。

3. 道教的特点

(1)民族性、本土性

道教是唯一根植于中国本土、发源于中国古代文化的民族宗教,同中国传统文化血肉相连,具有鲜明的民族特色。道教的思想渊源"杂而多端"。《老子》一书的神秘思想和黄老之学,古代的鬼神、巫术、仙人、仙药思想,阴阳五行学说,汉代的谶纬之学,都构成了道教的思想渊源,具有强烈的民族性。道教的开创者们竭力从流传于古代中国,尤其是流传于楚文化圈的种种神话中采撷出神鬼精灵,构造出一个长生不死、超越时空的神仙世界，道教诸神如中黄太一、太上老君、元始天尊、玉皇大帝、玄女、西王母、赤松子等，都是在中国"土生土长"的。此外，道教在教旨上以长生成仙为目标，讲求归本返朴、归根复命的养气健身术，从而与世界宗教的风貌大相径庭。

（2）重生、贵生，追求长生成仙

道教重"生"，反复演说求生、好生、乐生、重生、贵生、养生、长生之道。如道教早期的经典《太平经》、《老子想尔注》等便强调重生与贵生。《太平经》有言曰："人最善者，莫若常欲乐生，汲汲若渴，乃后可也。"又《老子想尔注》载："公乃生，生乃大"，"道大、天大、地大、生亦大，域中有四大，而生居其一焉……不如学生"。《妙真经》亦说："道人谋生，不谋于名。"《坐忘论序》则说："人之所贵者生也，生之所贵者道也。"

　　道教看重个体生命的价值，讲究养生术，相信经过一定的修炼，世间的凡人可以飞升成仙，因此道教千方百计地追求长生。"我命在我，不属天地"，"制命在内，我命由我"，战胜死神、将生命无限延续下去是修道者追求的终极目标，而要实现这种可能的途径就是通过修行来"得道"或"返道"。"天地、人物、仙灵、鬼神，非道无以生，非德无以成，生者不知其始，成者不见其终，探奥索隐，孰窥其宗。"为"仙"是由人转变而成的灵体，即人通过修行而"得道"的一种结果。人成仙后可"失人之本"而"变质同神"，拥有神灵般广大无限的能力。为达到这一目标，历代的道徒们进行了不懈的努力，发明了各种功与术。

　　(3) 好炼丹之术

　　炼丹为炼制外丹与内丹的统称，是道教的重要道术之一，实际是一种以中国传统文化"三教合一"为背景的特定的身心修炼方法，是求得长生成仙的重要途径。

外丹术源于先秦神仙方术，是在丹炉中烧炼矿物以制造"仙丹"。魏晋到隋唐，是外丹术的黄金时期。为投帝王将相企图长生不老的梦想，道士们纷纷安炉立鼎，炼制仙丹。道士炼丹往往要用数十种药物，其中包括水银、丹砂、铅、雄黄、雌黄以及砒石、矾石等。这些物质对治疗溃疡、毒疮等有时有效，少量内服也可以使红血球迅速增长，使皮肤红润，发热御寒，使人认为它能让人青春永驻，返老

还童。然而，这些药物大多含有砷的化合物，即砒霜的主要成分，长期服用会引起慢性中毒，有时甚至突然死亡。因此有人总结说："欲求长生，反致速死。"唐以后，外丹术就逐渐衰落了。

外丹术衰落之后，代之而

起的是内丹术。内丹家认为，天地是大宇宙，人身是小宇宙，炼内丹就是借用外丹的术语，以人体为丹房，以心肾等器官为鼎炉，以人体的精、气、神为药物，以元神妙用——即意念呼吸为火候，借鉴烧炼外丹的理论、原则、术语等进行自我生命修炼，通过炼精化气、炼气化神、炼神还虚的过程，就可以逆自然之易，夺造化之功，开发人体潜能，探索人体奥秘，最后返本还源，炼成金丹，达到性命双修，羽化登仙的目的。内丹术内容繁富，宗派杂多，而撮其大端，则主要有以张伯端、白玉蟾为代表的南宗和以王重阳、丘处机为代表的北宗。内丹术博采佛、儒、医诸家之长，不断趋于成熟，盛行于晚唐和宋明，并逐步形成了完备的理论体系和多种多样的修炼途径。

（4）泛神崇拜

道教泛神崇拜的特色非常

典型，它并不是奉老子为唯一的最高真神，而是建立了一个庞杂的神仙系统。《神仙传》记载上仙、次仙、太上真人、飞天真人、灵仙、真人、灵人、飞仙、仙人等各路神仙，《仙经》则将仙分为天仙、地仙和尸解仙，"上士举形升虚，谓之天仙；中士游于名山，谓之地仙；下士先死后蜕，谓之尸解仙。"道教神仙"仙口"之多，执事之广，分工之细，在世界宗教史上是绝无仅有的。大到主宰宇宙的最高天神"三清"（玉清元始天尊、上清灵宝天尊、太清道德天尊即老君）、"四御"（昊天金阙至尊玉皇大帝、中天紫微北极太皇大帝、勾陈上宫南极天皇大帝、承天效法后土皇地祇），小到雷公、门神、灶君、

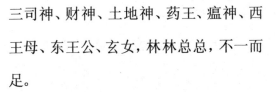

三司神、财神、土地神、药王、瘟神、西
王母、东王公、玄女，林林总总，不一而
足。

（5）崇尚名山

道教崇山，这是众所周知的事实。道
教典籍中随处可见的洞天福地，无一不
是在名山大川之中。青城山、龙虎山、武
当山、茅山、三清山、齐云山、仙都山、九
宫山、王屋山、崆峒山等，都以道教文化
著称。道教崇尚自然，
提倡清静无为、遁世隐
修，追求玄奇的神仙境
界和天人合一的思想，
深山正是其理想的世外
桃源。葛洪在《抱朴子》
中说："山林之中非有
道也，而为道者必入山
林，诚欲远彼腥膻，而
即此清净也"，又说"合
丹当于名山之中，无人

之地"，"是以古之道士合作神药，必入名山"。千百年来，无数道家隐士，遁迹于名山大川之中，"得山川之灵气，受日月之精华"，凿洞筑庵，潜心修道。同时，山中有着丰富的矿物质和药用植物，这些丹砂铅汞和灵花仙草，为道士们采药炼丹，制作"不死之药"提供了必要条件，而道家瑰丽的神话传说和仙真遗迹，也为名山平添了奇幻的色彩和迷人的魅力。

4.道家与道教的区别与联系

"道家"与"道教"二词，常被不加区别地使用。其实，道家与道教有着本质的区别，前者是一个学术流派，以其思想演变与代表人物为研究内容；后者是宗教，有其神仙崇拜与信仰，有教徒与组织，有一系列的宗教仪式与活动。而且道教尊老子为宗又追求长生久视、长生不死，是

和老子的哲学思想有相悖之处的，如庄子有时讲生不足喜，死不足悲，强调顺应自然，有时则讲生不如死，死比当帝王还快乐，而生则如多余的肉瘤，对待生死比较淡漠。而道教认为人可以在活着的时候就脱胎换骨，超凡入仙，所以重视个人今生的生命，强调和必死的命运抗争，力求突破生死大限，因而是积极有为的。此外，道家努力突破宗教和有神论的束缚，以天道自然否定鬼神的主宰，而道教则不然，承认而且主张有鬼神和仙人的存在，构筑"神仙乐园"以满足长生不死的愿望；道家尤其是庄子之学，对善恶持一种

相对的观点，面对世俗之是非、礼仪也持一种否定的态度，而道教则吸收了儒家的纲常思想，又有严格的教规和戒律，劝人去恶就善。

　　然而，从中国思想史

的角度来看，二者又具有十分密切的联系，是不能截然分开的。道教与道家纠缠成一团，血脉相通，颇难分开，以致若干国外汉学家认为道教是道家思想的继续和延长。道教脱胎于道家，道家哲学是道教的重要思想渊源与宗教理论的主干。老子其人和《老子》其书在道教的形成和发展过程中起了相当大的作用。老子后来被道教神化为教主、太上老君、道德天尊（道教最高神"三清"之一的太清道德天尊），甚至在唐代被封为"玄元皇帝"。而《老子》一书文辞深奥，哲理丰富，具有不少神秘的色彩，因而为道教所利用，不断加以附会、演绎和宗教注解。东汉以后，《老子》一书成为了道教的最高神学经典，称为《道德真经》。《庄子》在魏晋时被佛家用来诠释佛典，被认为同释迦牟尼思想同调。到了隋唐，《庄子》被奉为《南华真经》，庄子也被奉为道教祖师。以后，一批道教思想家相继研究《老子》

和《庄子》，从不同的思想角度注解和诠疏《老子》《庄子》，丰富了道教思想的内容，极大地提升了道教神学的理论水平，形成了独具特色的道教老庄之学。道教欲使人长生不老，变化飞升，其炼养服食的方式于老庄所说的养生意旨也基本相同。虽然老庄没有讲过炼精化气、炼气化神、炼神还虚之类，但也讲修身养生的功夫。老子讲谷神，讲玄牝，让人营魄抱一，专气致柔而达到婴儿淳朴清明的境界，"致虚极，守静笃"则成为后来道教修炼的入门功夫。至于庄子，其"缘督以为经"、坐忘、心斋、守一、抱神以静等思想都为道教内丹学所继承和发挥。

道教又以特有的宗教形式，延续着道家的慧命，演绎、实践、发展着道家的思想和精神。葛洪扬道抑儒，力阐道者为本，不仅可以治身，还可以治国，从理论上发展了道家学术；唐代道士成玄英注疏《老子》《庄子》，深雅通达，百代所重；

"重玄之道"，也是对道家哲学的创造性发挥；宋代道士陈抟作《无极图》，析解《周易》、《老子》，对天人相通之理有精妙之论，还推动了宋明理学的形成；张伯端《悟真篇》融合儒释道，对老学的虚境之道颇多深刻领悟；王重阳、丘处机力主三教会通，大倡性命双修之旨和清心寡欲，在更高的水平上返回道家，也推动了道家思想的发展。如此等等，不一而足。

（三）道家与魏晋玄学

1.简介

魏晋玄学是魏晋时期以老庄思想为骨架，会通自然与名教，融合道家和儒家而出现的一种哲学、文化思潮，这一思潮对宇宙、对人生和人的思维都进行了纯哲学的思考。

"玄"字出自《道德经》第一章，末句形容道是"玄之又玄，众妙之门"，言道幽深微妙。

汉末之时，儒家经学趋于衰落，社会动荡，政治分裂，为思想的自由阐发创造了客观的社会条件。魏晋时代，名士谈玄论道，探求人生意义，一时蔚为风气，道家思想的衍变于是迈入新的阶段。由于当时的思想家把《老子》、《庄子》与《周易》作为谈论和研讨的主要经典，故称为"三玄"，又因为谈论的内容大多涉及远离具体事务的"玄远之学"，所以后世将这一时期的哲学思潮称为"魏晋玄学"。

《老子》和《庄子》是道家的经典，而《周易》是儒家的经典，由此可见魏晋玄学实际是以道家思想为主，糅合部分儒家思想而形成的新的哲学思潮。事实也是如此，玄学家们一方

面提出要"越名教而任自然",一方面又大谈"圣人明乎天人之理",以"建天地之位,守尊卑之制";一方面自称"老子、庄周是吾师",一方面又鼓吹要"怀忠抱义,而不觉其所以然"。魏晋玄学主要涉及有与无、生与死、动与静、名教与自然、圣人有情或无情、声有无哀乐、言意之辨、形神之辨等形而上的问题。玄学家多立言玄妙,行事玄远,大多是当时的名士,主要代表人物有何晏、王弼、阮籍、嵇康、向秀、郭象等。王弼以注《老子》出名,向秀、郭象以注《庄子》著称。何晏的《道德论》,阮籍的《通老论》、《达庄论》,嵇康的《养生论》、《声无哀乐论》等,则是专意为文阐论老庄玄理的。

2.玄学的精神与特色

(1)清谈与思辨

清谈是玄学的表现形式。魏晋时期,玄学家们之间盛行清谈之风。清谈亦谓之"清言",不谈国事、民生之俗事,专谈

老庄、周易。清谈被统治阶级和有文化的人视之为高雅之事，风流之举，成为当时的时尚。

玄学家在一起讨论争辩，各抒歧异，摆观点，援理据，以驳倒他人为能事。清谈之内容往往具有一种真正思辨的、理性的"纯"哲学意味。与喜好连事比类的两汉儒者不同，魏晋玄学家专注于辨析名理，以清新俊逸的论证来反对沉滞繁琐的注释，以怀疑论来否定阴阳灾异之说和迷信，以注重义理分析和抽象思辨抛弃支离破碎章句之学。玄学谈玄析理，解玄析微，挥洒张扬，海阔天空，体现了理性思维的智慧美，抽象美，也体现了人摆脱局促狭隘、向往洒脱广大的超越品性。清谈多标新立异，"见人之所未见，言人之所未言，探求义理之精微而达于妙处"，这促进了理性思辨的空前活跃，从而影响了魏晋时各方面的学人。文学批评著作如刘勰的《文心雕龙》、钟嵘的《诗

品》，都具有前代所少见的严密的理论系统性和深刻的美学内涵。

(2)潇洒与隐逸

随着人们关注的主题由世俗政治转向生命个体，魏晋玄学培养了一大批潇洒飘逸、放浪形骸和愤世嫉俗、高蹈浪漫的骚人墨客，形成了一种挣脱儒家精神枷锁、要求思想解放和追求个性自由的士风。魏晋玄学所确立的人格理想境界，成为魏晋士人追求的目标，他们的生活自然会浸染上"悟道会神"的浓重玄味，铸就了中国士子玄、远、清、虚的生活情趣。

在玄学家看来，道之无为，皆因其"法自然"、顺应自然，而自然的境地是一个独立于现实功利之外的逍遥自足的世界。阮籍说："天地生于自然，万物生于天地，自然者无外，故天地中焉"，"人生天地之中，体自然之形。"（《达庄论》）郭象也说："万物必以自然为正"，"知天人之所为，皆自然也。"（《庄子论》）正因为如此，魏晋士人多徜徉山水，寄情丘林，临渊而啸，曲肱而歌，"琴诗自乐"，"皆以任放为达"，追求一种"不与时务经怀"的"萧条高寄"的生活。顺情适性的行为方式使得隐逸之风在当时大为盛行。陶渊明的名篇《饮酒》形象地描绘了隐士恬静自适的生活："结庐在人境，而无车马喧，问君何能尔，心远地自偏。采菊东篱下，悠然见南山，山气日夕佳，飞鸟相与还。此中有真意，欲辨已忘言。"

(3) 山水与玄趣

山水是玄学家最常接近和赞咏的对象，当玄学家"以玄对山水"，从自然山水中去领悟"道"的具象时，自然便有了无穷的奥妙与玄趣，从而为中国文化艺术拓出了一片博大而崭新的境界。

自然界本是一个没有任何尘世痕迹的自在之物，它无所谓美，也无所谓丑。然而，魏晋人以虚灵的心境去观赏自然山

水,以率性率真的人性来品味无的玄趣,由此生发出一系列的由外知内、以形征神的美学观念,使他们对自然的山水有了完全别样的理解。他们超越形而下的种种束缚,以空灵之心趣审视山水,赋予自在之物的自然以无穷的玄趣,大自然在人们的眼中跃动、鲜活起来,它宁静淡泊、自由逍遥、圆融朴素,玄趣盎然。

晋宋人所推出的山水画不仅是一种山水礼赞,而且是一种"心取"、"象外"之道的活动,其"畅神"、"悟道"的特质,与"穷奥妙于意表"的写意境界,使得它在风貌上必然地具有一种玄远幽深、意远迹高的哲学气质,"气韵生动"也成为中国绘画乃至艺

术作品不可动摇的
美学传统。而山水
诗更是从玄理的
苦思转向自然的景
观，以清丽葱郁的
词句去传递主体精
神对"道"的冥悟。

因此，"风韵"、"神姿"、"风尚"、"神
气"、"风格"、"风气"乃至"清"、"虚"、
"朗"、"达"、"简"、"远"等审美题目
流行一时。正是在魏晋六朝，天然去雕
饰的自然之美开始成为民族性的审美趋
向。

2.魏晋玄学的发展

魏晋玄学可分为正始、竹林和元康三
个时期。正始时期以何晏、王弼为代表，
从研究名理发展到无名；竹林时期以阮
籍、嵇康为代表，皆标榜老庄之学，以自
然为宗，不愿与司马氏政权合作；元康时
期以向秀、郭象、裴頠为代表，认为万物

皆是自然而生,主张"名教即自然"。

(1)正始时期

正始(240年—249年)是三国时期曹魏的君主曹芳的第一个年号。以何晏、王弼开创的正始玄学,提出"贵无论",以"自然"统御"名教",主张"名教本于自然",治理社会要以道家的自然无为为本,以儒家的名教为末。

何晏(?—249年),字平叔,南阳宛(今河南南阳)人。其主要著作有《论语集解》十卷、《道德论》二卷、集十一卷,集已佚。今存《论语集解》、《无名记》、《无为论》、《景福殿赋》等。他认为,天地万物皆以无为本,"无也者,开物成务,无往不存者也",指出"道"或"无"能够创造一切,"无"是最根本的,"有"靠"无"才能存在,"有之为有,

恃无以生；事而为事，由无以成。"（《道德论》）何晏还提出"圣人无情"说，认为圣人无喜怒哀乐，圣人无累于物，也不复应物，圣人可完全不受外物影响，而是以"无为"为体。

王弼（226年—249年），字辅嗣，魏山阳（今河南焦作）人，魏晋玄学理论的奠基人。他在仅24年的人生旅程中，为后人留下了《老子注》、《老子指略》、《周易注》、《周易略例》、《论语释疑》等众多著作，对哲学的发展产生了广泛的影响。

王弼认为，天下万物皆"以无为本"，"道者，无之称也"，"道"就是"无"，而"无"是宇宙万物存在的根本，"有"不过是"无"的一种外在体现。他说："天下之物，皆以有为生。有之所始，以无为本。将欲全有，必返于无也。"（《老子注》）道作为万物遵循的法则，是没有实在之体的、无形无象的，"道者，无之称也。无不通也，无不由也。况之曰道，寂然无体，不可为象。"（《论语释疑》）任何具体物之存在，既以无为用，也以无为体，"天不能为载，地不能为覆，人不能为赡，万物虽贵，以无为用，不能舍无以为体也。"（《老子注》）据此，王弼提出"崇本举末"、"守母存子"的观点，认为"守其母以存其子，崇本以举其末，则形名俱而邪不生"。可见，王弼试图依据"以无为本"来处理和解决社会问题。

（2）竹林时期

阮籍、嵇康为"竹林七贤"之首领，其学有"竹林玄学"之称。嵇康、阮籍等以道家的无为思想对抗名教，倡导"越名教而任自然"。他们公开说老子、庄周"吾之师也"，"非汤武而薄周礼"，立足于批判现实的黑暗和苦难以及名教和自然的真切悖反，以玄学异端的面貌，对于儒家的礼法名教进行了无情的揭露和批判。

阮籍（210年—263年），字嗣宗，三国魏陈留尉氏（今属河南）人。著有《大人先生传》、《达庄论》、《通易论》等，并有《咏怀诗》82首传世。

阮籍站在自然的立场上，对名教进行批判。他在《大人先生传》中云："昔者天地开辟，万物并生。大者恬其性，细者静其形。……害无所避，利无所争。……盖无君而庶物定，无臣而万事理，保身修性，不违其纪。"在理想的自然状态下，无君无臣，社会依然运行良好。而"今汝造音以乱声，作色以诡形，外易其貌，内隐其情。怀欲以求多，诈伪以要名；君立而虐兴，臣设而贼生。坐制礼法，束缚下民。欺愚诳拙，

藏智自神。强者睽视而凌暴，弱者憔悴而事人。假廉而成贪，内险而外仁，罪至不悔过，幸遇则自矜"。以上阮籍历数名教束缚人、残害人之种种恶行，得出"君子之礼法，诚天下残贼、乱危、死亡之术耳"的结论。现实如此险恶，阮籍向往出世，达到"大人先生"的理想境界。这种"大人"，超然世外，上与造物同体，下与万物齐一，"夫大人者，乃与造物同，天地并生，逍遥浮世，与道俱成，变化散聚，不常其形。"

在行为上，阮籍更为逍遥处世、任性

而为、放任自达，表现出如风之飘，似水之流的大化逍遥的风流气象。他"能为青白眼，见礼俗之士，以白眼对之，及嵇喜来吊，籍作白眼，喜不怿而退。喜弟康闻之，乃赍酒挟琴造焉，籍大悦，乃见青眼。"有时为了排遣苦闷，阮籍自乘马车，"不由径路，车迹所穷，辄恸哭而反"。又说他曾看重一家女子的才色，此女却未嫁而死，"籍不识其父兄，径往哭之，尽哀而还"。

嵇康（223年—263年），字叔夜，三国魏谯郡（今安徽宿州）人，文学家、思想家、音乐家，著有《声无哀乐论》、《与山巨源绝交书》、《琴赋》、《养生论》等。

嵇康尖锐地指出儒家经典所鼓吹的礼法名教是社会上种种伪善、欺诈的根源，是"大道陵迟"的衰世产物："及至不存，大道陵迟，乃始作文墨，以传其意，区别群物，使有类族。造立仁义，以婴其心，制为名分，以检其外。劝学讲文，以神其教；故六经纷错，百家繁炽，开荣利之途，故奔骛而不觉。"（《难张辽叔自然好学论》）统治者鼓吹仁义，是为了束缚人们的思想；制定礼法名分，是钳制人们的行为；办学堂讲经书，是为了神化自己的统治，因而名教是违反自然、违反人性的。"六经以抑引为主，人性以从欲为欢，抑引则违其愿，从欲则得自然，然则自然之得，不由抑引之六经；全性之本，不须犯情之礼律。故仁义务于理伪，非养性之要求；廉让生于争夺，非自然之所出也。"（《难张辽叔自然好学论》）人的本性是以不受外在的束缚而自适从欲为欢，而"六经"的本质是抑制束缚人的自然本性，因而是虚伪的。在此基础上，嵇康提出"越名教而任自然"，希望不为名教所束缚，以求得个体人性的从欲自由和精神解放。

在生活方式上，嵇康主张"任自然"，

讲求养生服食之道，向往出世的生活，不愿做官。大将军司马昭要礼聘他为幕府属官，他便跑到河东郡去躲避征辟。同为竹林七贤的山涛曾推荐他做官，他作《与山巨源绝交书》，说当世是贼臣当道，坚辞为官。嵇康傲岸不群，后来遭谗而罪。他"临刑东市，神气不变，索琴弹之，奏《广陵散》。曲终曰：'袁孝尼尝请学此散，吾靳固不与，《广陵散》于今绝矣！'"嵇康之安时处顺，超脱不羁，潇洒清畅，可见一斑。

（3）元康时期

元康（291年—299年）是西晋晋惠帝司马衷的第三个年号。向秀和郭象修正了何、王、嵇、阮之说，认为"名教即自然"，以《庄子注》为标志。裴頠则以《崇有论》从理论上用以有为本批判以无为本，提倡有为，否定无为，推崇名教，排斥自然。

向秀（约227年—272年），字子期，

西晋河内怀（今河南武徙）人。向秀曾注《庄子》，"妙析奇致，大畅玄风"，注未成便过世，另著《思旧赋》、《难嵇叔夜养生论》。郭象（约252年—312 年），字子玄，河南洛阳人。他承向秀余绪，在向秀基础上"又述而广义"注疏《庄子》，成书《庄子注》三十三篇。应该说，《庄子注》体现了二人的思想。

向秀、郭象主张名教即自然，自然即名教，构成了一套即本即末，本末一体的"独化论"体系。他们认为，无不能生有，有也不能生有，"然则生生者谁哉？块然而自生耳。自生耳，非我生也，我既不能生物，物也不能生我，则我自然矣。自己而然，则谓天然"。万物没有一个统一的根源或共同的根据，万物之间也没有任何的资助或转化关系，"凡得之者，外不资于道，

内不由于己，掘然自得而独化也"。向秀、郭象认为，万物的生成变化是自因的，这种"独化"是万物无法避免的宿命："人之所因者，天也。天之所生者，独化也。人皆以天为父，故昼夜之变，寒暑之节，由不敢恶，随天安之；况乎卓尔独化，至于玄冥之境，又安得而不任之哉？既任之，则死生变化，惟命之从也"。他们还认为事物间存在着普遍的联系，即"彼此相因"，但这"彼此相因"是互相为"缘"，而非互相为"故"，万物相反而不能相无，而是无形的"玄合"，"彼我相与为唇齿，唇齿者未尝相为，而唇亡则齿寒，故彼之自为，济我之功矣，斯相反而不可以相无者也"。

向秀、郭象认为，名教完全合乎人的自然本性，人的本性的自然发挥也一定符合名教，指出仁义等道德规范就在人的本性之中，即"仁义自是人之情性。"他们

认为，物各有性，而"性各有分"，一切贵贱高下等级，都是"天理自然"，"天性所受"，人们如果"各安其天性"，各尽自己的名分和职守，则名教的秩序就自然安定了。圣人"虽在庙堂之上，然其心无异于山林之中"，因此名教与自然两者是不矛盾的。

裴頠（267年—300年），字逸民，西晋河东闻喜（今山西闻喜）人，著有《崇有论》。

　　裴颁开宗明义地反对王弼、何晏等人倡导的"贵无论",认为总括万有的"道",不是虚无,而是"有"的全体,即万事万物的总称,各种不同事物的品类和形象,是本来就有的。他说:"夫总混群体,宗极之道也;方以族异,庶类之品也。形象著分,有生之体也;化感错综,理迹之原也。夫品而为族,则所禀者偏;偏无自足,故凭乎外资。"

　　在裴颁看来,绝对的"无"是不可能生出任何东西来的,万物的产生和存在,是自生自长出来的,万有既然是自生的,则其本体就是它自身。他说:"夫至无者,无以能生,故始生者,自生也。自生而必体有,则有遗而生亏矣。生以有为已分,则虚无是有之所谓遗者也。"裴颁认为,只有"有"才能育化万物,"无"只是在没有"有"以后的遗者,是"有"的丧失和转化,不能与"有"相提并论。